Antimuslimischer Rassismus

Konflikte als Chance

Jürgen Micksch (Hg.)

Antimuslimischer Rassismus
Konflikte als Chance

Verlag Otto Lembeck
Frankfurt am Main

Interkulturelle Beiträge 25
Herausgegeben von Jürgen Micksch

Für die Förderung der Veröffentlichung wird der
Karl-Konrad-und-Ria-Groeben-Stiftung gedankt.

Umschlagfoto: dpa
Fotos: privat

ISSN 0941-7044
ISBN 978-3-87476-596-1
© 2009 Verlag Otto Lembeck, Frankfurt am Main
Gesamtherstellung: Druckerei und Verlag Otto Lembeck
Frankfurt am Main und Butzbach

Inhalt

Jürgen Micksch
Konflikte zu Chancen machen
Einführung 7

Peter Altmaier
Islambild verändern? Islambild schärfen! 21

Roberto Ciulli
Nicht die Gleichheit der Meinungen, sondern die gleiche
Artung der Geister bringt eine gegenseitige Annäherung
zustande 29

Kathrin Klausing
Antimuslimischer Rassismus statt Islamfeindlichkeit 34

Aiman A. Mazyek
Feindbild Islam in Öffentlichkeit und Medien? 39

Dieter Oberndörfer
Muslime als normale Staatsbürger 50

Birgit Rommelspacher
Konflikte als Chance.
Der Moscheebau als Medium der Integration 57

Irene Runge
Kochen für den Frieden.
Oder: Warum mir das Miteinander schmeckt. 68

Canan Topçu
Mir graut vor total verhüllten Frauen 82

Nicola Towfigh
Vielfalt willkommen heißen. 90

Friedrich Weber
Toleranz in einer multireligiösen Gesellschaft 98

Torsten Jäger
Warum das Islambild verändern? Erfahrungen des
Clearingprojekts: Zusammenleben mit Muslimen 107

Anhang

1. *Interkultureller Rat*
   Das Islambild verändern. Positionen zur Überwindung von
   Islamfeindlichkeit 129

2. Anmerkungen aus dem Zentralkomitee der deutschen
   Katholiken und von einem Lehrer zur Broschüre
   „Das Islambild verändern" 145

3. *Deutsches Islamforum/Interkultureller Rat*
   Moscheen als Orte der Spiritualität und Integration 149

4. *Deutsches Islamforum*
   Scharia als Glaubensweg von Muslimen 159

5. *Koordinationsrat der Muslime/Interkultureller Rat*
   Islamfeindlichkeit ist die gegenwärtig am meisten
   verbreitete Form von Rassismus 167

Autorinnen und Autoren 169

Literaturhinweise 171

Konflikte zu Chancen machen

Einführung

Jürgen Micksch

„Islamfeindlichkeit ist die gegenwärtig am meisten verbreitete Form von Rassismus". Dieser Satz in der vom Interkulturellen Rat in Deutschland veröffentlichten Broschüre „Das Islambild verändern. Positionen zur Überwindung von Islamfeindlichkeit" wurde anfangs wenig beachtet.[1] Erst als der gleiche Satz in einem Aufruf des Koordinationsrates der Muslime und des Interkulturellen Rates zu den Internationalen Wochen gegen Rassismus 2009 veröffentlicht wurde, löste er heftige Kritik aus.[2] Aus christlich-fundamentalistischer Sicht wurde dagegen ebenso polemisiert wie aus islamkritischer Perspektive.[3] Rechtspopulistische und antimuslimische Blogs griffen diese Kritik auf und forderten, dass Muslime zuerst vor ihren eigenen Türen kehren sollen. Gleichzeitig erfolgte eine Debatte über den Rassismus-Begriff.[4] Kann Islamfeindlichkeit eine rassistische Einstellung sein? Der Islam ist doch nicht als Rasse zu bezeichnen. Wird hier der Rassismus für etwas instrumentalisiert, womit er nicht in Verbindung gebracht werden kann?

---

1 Interkultureller Rat, Das Islambild verändern. Positionen zur Überwindung von Islamfeindlichkeit, Darmstadt 2008, Seite 11; vgl. Anlage 1.
2 Interkultureller Rat, Koordinationsrat der Muslime, Internationale Wochen gegen Rassismus, vgl. Anlage 5.
3 Vgl. idea vom 12.02.2009 und taz vom 15.03.2009
4 Vgl. taz vom 21.03.2009

Rassismus

In der Regel wird dann von Rassismus gesprochen, wenn biologische Gründe zur Rechtfertigung von Diskriminierungen geltend gemacht werden. Durch diese Definition wird vermieden, dass alle möglichen Diskriminierungen als Rassismus bezeichnet werden. In der von mir 1989 herausgegebenen Broschüre „Kulturelle Vielfalt statt nationaler Einfalt. Eine Strategie gegen Nationalismus und Rassismus" habe ich in diesem Sinne formuliert: „Von einem rassistischen Verhalten ist dann zu sprechen, wenn einzelne oder Gruppen daran festhalten, dass Diskriminierungen von anderen aus biologischen Gründen zu rechtfertigen seien. Wo diese Unterschiede zwischen den Menschen interpretiert und zu eigenen Gunsten gewertet werden, da handelt es sich um Rassismus. Nicht die Wahrnehmung eines Unterschieds ist also entscheidend, sondern der Gebrauch des Unterschieds zum eigenen Vorteil und als Waffe gegen das Opfer."[5]

Diese biologische Eingrenzung des Begriffs Rassismus fördert jedoch die falsche Annahme, dass es verschiedene menschliche Rassen gibt. Damit wird das Vorurteil gestärkt, dass Menschen nach unterschiedlichen Rassen eingeteilt werden können.

Das Abstoßende am Rassismus ist die Abwertung anderer Menschen oder Gruppen und die Befürwortung ihrer Diskriminierung. „Der Rassist rechnet sich selbst zur guten Welt und seine Opfer zur Welt des Bösen. Der Sinn und Zweck des Rassismus liegt in der Vorherrschaft. Wo Rassismus auftaucht, da geht es um die Unterdrückung von Menschen."[6] So heißt es in der genannten Schrift von 1989 dann weiter. Damit wird die herabwürdigende Beurteilung von anderen und die Befürwortung von Diskriminierungen bis hin zu Gewalt als Kennzeichen von Rassismus hervorgehoben.

Mit dieser Beschreibung wird zugleich gesagt: Rassismus und Rassisten brauchen keine Rassen. Es geht vielmehr um die befürwortende oder aktive Diskriminierung von Menschen, die einer tatsächlichen oder zugeschriebenen Gruppe angehören, die z.B. ethnisch, sozial, kulturell oder religiös geprägt sein soll. Diesen konstruierten Gruppen

---

5 Jürgen Micksch, Kulturelle Vielfalt statt nationaler Einfalt. Eine Strategie gegen Nationalismus und Rassismus, Frankfurt/M. 1989, Seite 17.
6 Ebd.

werden Eigenschaften zugeschrieben, die ihre Diskriminierung legitimieren sollen.

In der Geschichte der Bundesrepublik hatte der Rassismus viele Gesichter. Ende der sechziger Jahre stand die Ablehnung und Diskriminierung von Italienern im Vordergrund. Ende der siebziger Jahre waren es die Türken. In den achtziger Jahren wurden vor allem „Schwarze" und später die „Asylanten" diskriminiert. Die Benachteiligung von Asylsuchenden hat sich in gesetzlichen Regelungen verfestigt, die bis heute gelten, wie z.b. dem Asylbewerberleistungsgesetz oder der Residenzpflicht. Insbesondere seit dem 11. September 2001 stehen Muslime im Zentrum der Ablehnung. Ausdruck staatlicher Regelungen dafür sind verschiedene Sicherheitsgesetze, Rasterfahndungen oder der erste Einbürgerungstest von Baden-Württemberg. Rassismus gegenüber Muslimen findet sich täglich in den antimuslimischen Blogs im Internet und bildet wohl auch den Hintergrund für die Tötung der 32 Jahre alten ägyptischen Apothekerin am 1. Juli 2009 im Landgericht Dresden.

Da Rassismus viele Gesichter hat sind die Definitionen jeweils den veränderten Realitäten anzupassen. Gegenwärtig wird von unterschiedlichen empirischen Untersuchungen bestätigt, dass die Ablehnung von Muslimen besonders verbreitet ist.

Antimuslimischer Rassismus

Unabhängig von der Idealisierung des Islams und der Muslime gibt es unterschiedliche Einstellungen, zwischen denen zu unterscheiden ist:

- Das kritische Interesse, das für ein qualifiziertes Miteinander von großer Bedeutung ist. Es kommt zum Ausdruck z.B. durch Anfragen zur Vereinbarkeit der Grundwerte des Islams mit den Idealen der Menschenrechte. Diskussionen dazu können für Muslime und Nichtmuslime weiterführend sein.

- Ein Unbehagen gegenüber dem Islam und den Muslimen, das aus Unkenntnis und negativen persönlichen Erfahrungen und Berichten herrührt. Es ist sinnvoll, darüber mit Muslimen zu sprechen, zu denen ein vertrauensvoller Kontakt besteht.

- Islamophobie, die auf oftmals diffusen Ängsten mit unterschiedlichen Ursachen beruht. Auch hier macht es Sinn, darüber in Gespräche mit kompetenten und vertrauensvollen Personen einzutreten.

- Islamfeindlichkeit oder antimuslimischer Rassismus, bei denen Muslime herabwürdigend beurteilt und Diskriminierungen befürwortet werden. Dieses Verhalten widerspricht den Menschen- und Grundrechten. Über die genauen Gründe dafür sind Debatten erforderlich. Es ist eine gesellschaftliche, mediale und politische Verantwortung, antimuslimischen Rassismus zu überwinden.

Die Ablehnung des Baus einer bestimmten Moschee kann viele Gründe haben und ist deshalb nicht als Rassismus zu bezeichnen. Dies wird es erst, wenn der Bau von Moscheen grundsätzlich abgelehnt wird. Das Tragen von Kopftüchern kann abgelehnt werden. Zum Rassismus wird diese Ablehnung erst, wenn muslimischen Lehrerinnen das Kopftuchtragen in Schulen verwehrt wird, während christliche Ordensbekleidungen akzeptiert werden. Wenn muslimische Frauen mit Kopftuch bei der Arbeitssuche benachteiligt werden, keine Wohnungen vermietet bekommen oder wegen ihrem Kopftuch von einem Fitness-Studio abgewiesen werden, dann handelt es sich um antimuslimischen Rassismus.

Rassismus darf nicht hingenommen werden

Die Überwindung jeder Art von Rassismus gehört zu den großen gesellschaftlichen und staatlichen Aufgaben. Diskriminierungen von Menschen oder Gruppen wegen ihrer Hautfarbe, Religionszugehörigkeit, ethnischer oder kultureller Herkunft sind nicht hinnehmbar. Zwar gibt es immer wieder Einzelne und Gruppen, die sich menschenfeindlich verhalten. Es kommt aber darauf an, dass sie dabei von politisch und gesellschaftlich Verantwortlichen nicht augenzwinkernd oder sogar öffentlich unterstützt werden. Wo Diskriminierungen von Muslimen befürwortet werden da sind folgende Schritte sinnvoll:

- Über antimuslimischen Rassismus muss geredet werden. Kontroverse Debatten sind unverzichtbar, wenn eine Weiterentwicklung des öffentlichen Bewusstseins zu dieser Thematik erreicht werden soll. Es ist vor allem auch mit denen zu sprechen, die offen oder verdeckt die Diskriminierung von Muslimen befürworten.

- Dabei ist es entscheidend, mit Betroffenen zu kooperieren. Sie haben persönliche Erfahrungen mit ablehnenden Einstellungen und Verhaltensweisen, die bei öffentlichen Auseinandersetzungen darzustellen sind.

- Im Kampf gegen den antimuslimischen Rassismus sind Bündnisse erforderlich. Es wird immer wieder behauptet, dass es in Deutschland keinen Rassismus mehr gibt. Wer auf islamfeindliche Einstellungen und Verhaltensweisen hinweist, läuft Gefahr, dass ihm Übertreibungen nachgesagt werden – insbesondere von denen, die rassistische Einstellungen verbreiten. Deswegen sind Bündnisse mit anerkannten gesellschaftlichen Einrichtungen zu fördern, deren Worte Gewicht haben.

Ein Beispiel für solche Bündnisse sind die Internationalen Wochen gegen Rassismus. Im Jahr 2009 wurde diese UN-Initiative in Deutschland von über 40 Bündnispartnern aus allen gesellschaftlichen Bereichen unterstützt, einschließlich von Bundesbehörden. Die Internationalen Wochen gegen Rassismus im März jeden Jahres werden inzwischen auch von großen deutschen Industrieunternehmen gefördert, die damit ein Zeichen gegen Rassismus setzen. Diese Internationalen Wochen sind eine Möglichkeit, antimuslimischen Rassismus zu thematisieren.

Die große Mehrheit der Deutschen verurteilt Rassismus. Aber es gibt Einzelne und rechtsextreme Gruppen, die sich damit profilieren und politische Aufmerksamkeit zu finden versuchen. Es ist eine Aufgabe von Staat und Gesellschaft solche Positionen und Gruppierungen zu isolieren. Die Mehrheit der Deutschen will mit Rassismus nichts zu tun haben.

Konflikte zu Chancen machen

Antimuslimischer Rassismus dringt bis tief in die Mitte der Gesellschaft vor. Er entzündet sich häufig an konkreten Konflikten. Grundsätzlich sollte dazu die öffentliche und damit auch kontroverse Debatte gesucht werden, auch wenn anfangs offen ist, zu welchen Ergebnissen solche Auseinandersetzungen führen. Bisherige Erfahrungen haben häufig gezeigt, dass öffentliche Debatten den Konflikten eine positive Wendung geben können.

- Ein Beispiel ist der *Moscheebau*, bei dem nach der repräsentativen Allensbach-Umfrage von 2004 tatsächlich 74 % der Befragten in Deutschland der Auffassung sind, eine Moschee solle auch dann nicht gebaut werden, wenn die Behörden dem Bau zugestimmt haben, aber die Bevölkerung vor Ort sich dagegen ausspricht. Diese mehrheitlich geäußerten Meinungen stehen im Widerspruch zu der in unserer Verfassung garantierten Religionsfreiheit. Sie sind Ausdruck eines antimuslimischen Rassismus.

  Nun hat sich in konkreten Konflikten im Sommer 2008 in Köln und in Frankfurt/M.-Hausen gezeigt, dass nach längeren kontroversen Debatten die Mehrheit der Bevölkerung den Bau dieser Moscheen akzeptiert. Die Gegner blieben eine kleine Minderheit. Die Konflikte haben zu Lernprozessen geführt, durch die ein verträgliches Miteinander gefördert wurde. Das positive Engagement des Bundesinnenministers und der Oberbürgermeister in Köln und Frankfurt/M. hat diese Entwicklung sicherlich unterstützt.

- Der Streit um das *Minarett* hat die Bevölkerung in der Schweiz tief gespalten und war ein zentrales Thema bei Wahlen. In Deutschland wurden die Diskussionen bisher pragmatischer geführt und nicht emotionalisiert. Die Debatten um das Minarett und auch den öffentlichen Ruf zum Gebet wurden weitgehend sachlich ausgetragen. Es hat sich der Eindruck verfestigt, dass Minarette Ausdruck von Beheimatung sind: Je höher das Minarett, desto besser integriert. Dazu hat beigetragen, dass die meisten Moscheevereine Rücksicht auf Empfindungen der ansässigen Bevölkerung genommen, die Architektur angepasst und das Gespräch gesucht haben.

- Eine seit Jahren andauernde Debatte gibt es um das *Kopftuch* von Lehrerinnen. Trotz ausgewogener Urteile des Bundesverfassungsgerichtes haben sich einige Bundesländer durch Parlamentsbeschlüsse dazu entschieden, Kopftücher von Lehrerinnen in Schulen zu verbieten, während teilweise christliche oder jüdische Kleidungen akzeptiert wurden. Diese Debatte wird weitergehen, zumal neuere Untersuchungen herausgearbeitet haben, dass

Kopftuchverbote in Grund- und Menschenrechte eingreifen.[7] Auch der amerikanische Präsident Obama hat in seiner Rede am 4. Juni 2009 in Kairo die Kopftuchverbote in westlichen Ländern kritisiert. Die Thematik hat inzwischen in den Medien keinen hohen Stellenwert. Es besteht die Chance, dass Kopftücher zunehmend als normal empfunden werden.

- Der Streit um die *Scharia* stand in den Jahren 2005 und 2006 im Mittelpunkt politischer Kampagnen. „In Deutschland gilt das Grundgesetz und nicht die Scharia" – dieser Satz war der Höhepunkt in der Rede des Bayerischen Ministerpräsidenten Edmund Stoiber beim Politischen Aschermittwoch 2006 in Passau. Als Verantwortliche der islamischen Verbände am 26. September 2006 eine ganz ähnliche Formulierung in einer Stellungnahme des Deutschen Islamforums veröffentlichten, ist diese emotionale Debatte bald versachlicht worden (vgl. Anlage 4). Der Konflikt wurde als Chance genutzt um sich innerhalb muslimischer Einrichtungen zu verständigen und die Öffentlichkeit zu informieren – die Süddeutsche Zeitung, die Frankfurter Rundschau und die türkische Zeitung Zaman druckten die Erklärung voll ab und haben zu einer Qualifizierung der öffentlichen Debatte beigetragen.

- Immer wieder gibt es Konflikte im schulischen Bereich wie bei *Klassenfahrten*, beim *Schwimmunterricht* oder beim *Biologieunterricht*. Zahlreiche Medien versuchten dabei aufzuzeigen, dass Muslime nicht in eine moderne Gesellschaft passen. Die Islamforen von Hessen und Nordrhein-Westfalen haben diese Auseinandersetzungen zum Anlass genommen, Stellungnahmen zu erarbeiten. Das Clearingprojekt: Zusammenleben mit Muslimen des Interkulturellen Rates konnte nachweisen, dass Probleme nur durch wenige Einzelfälle ausgelöst wurden. Auch hier konnten häufig pragmatische Lösungen gefunden, Kontoversen versachlicht und Konflikte positiv gewendet werden.

- Im *Alltag* gibt es immer wieder Irritationen, die durch Unkenntnis ausgelöst werden. Solche Beispiele werden im Clearingprojekt: Zusammenleben mit Muslimen gesammelt. In der Broschüre „Einfach fragen. Alltag mit Muslimen" wurden Beispiele zusammen-

---

[7] Human Rights Watch, Diskriminierung im Namen der Neutralität. Kopftuchverbote für Lehrkräfte und Beamtinnen in Deutschland, Berlin 2009

gestellt, in denen simple Informationen zum Abbau von solchen Irritationen gegeben werden. Die weite Verbreitung der Broschüre hat gezeigt, wie wichtig solche Informationen sind.

- Bis zum Jahr 2002 wurde immer wieder gesagt, dass durch muslimische Einrichtungen *antisemitische Schriften* verbreitet werden. Im Deutschen Islamforum ist Anfang 2003 mit den muslimischen Verbänden vereinbart worden, solche Missstände abzustellen. Wo antisemitische Schriften verbreitet werden, sollte der Interkulturelle Rat davon unterrichtet werden und das gemeinsam mit muslimischen Einrichtungen unterbinden. Bei vielen Gelegenheiten wurde auf diese Vereinbarung hingewiesen. Bis zum Sommer 2009 wurde der Interkulturelle Rat von zwei Beispielen informiert, jeweils bei der gleichen Moschee. Der Moscheeverein hat sich entschuldigt und hat zugesagt, Wiederholungen zu verhindern. Heute kann nicht mehr generell behauptet werden, dass durch muslimische Einrichtungen antisemitische Schriften verbreitet werden.

Ergänzt wurden diese Bemühungen durch die Einrichtung von Abrahamischen Teams aus Juden, Christen und Muslimen, die bei Veranstaltungen über Gemeinsamkeiten und Unterschiede dieser Religionsgemeinschaften informieren. Diese Arbeit wird von den islamischen Verbänden unterstützt und ist auch durch den Gaza-Krieg Anfang 2009 nicht in Frage gestellt worden – anders als in europäischen Nachbarländern. Allerdings ist nicht zu übersehen, dass antisemitische Vorurteile seit diesem Krieg eher zugenommen haben.

- Erhöhte *antisemitische Einstellungen* bei muslimischen Jugendlichen sind empirisch nachgewiesen worden und dürften sich seit dem Gaza-Krieg im Januar 2009 eher verstärkt haben, ähnlich wie übrigens auch bei nichtmuslimischen Jugendlichen. Hier besteht dringender Handlungsbedarf.

Der Interkulturelle Rat hat in den Jahren 2004–2006 mit der Evangelischen Akademie Arnoldshain jährlich eine Wochenendtagung mit jüdischen, christlichen, muslimischen und baháʹí-Jugendlichen durchgeführt, die durch ein pädagogisches Abrahamisches Team geleitet wurden. Es war beachtlich, wie schnell dabei antisemitische und antimuslimische Vorurteile bei jungen Menschen überwunden worden sind. Aus dem Misstrauen und der Ablehnung zwischen Jugendlichen haben sich in vielen Fällen Freundschaften entwickelt. Für die Tagungen mit den jeweils etwa 30 Jugendlichen mussten die Kosten für den Aufenthalt und die Fahrt übernommen werden. Seit Jahren haben sich keine Einrichtungen mehr gefunden, von denen die jeweils erforderlichen etwa 10.000 Euro für ein Wochenende finanziert worden wären.

Diese konkreten Erfahrungen zeigen, dass Konflikte nicht zu Belastungen werden müssen, wenn bewusst versucht wird, gemeinsam nach Lösungen zu suchen.

Ursachen und Motive ablehnender Einstellungen gegenüber Muslimen sind vielfältig und in der Broschüre „Das Islambild verändern" dargestellt.[8] Sie werden immer wieder beschrieben und bewusst gemacht. Dadurch verstärkt sich der Eindruck, dass Konflikte die einzige und entscheidende Realität sind. Diese Perspektive kann verändert werden. Es ist möglich eine andere Mentalität zu entwickeln: Antimuslimische Einstellungen als Chance zu ihrer Überwindung zu sehen. Das ist bei den Moscheebauprojekten in Köln und in Frankfurt/ M.-Hausen geschehen. Ähnliches ist bei anderen Konflikten möglich. Die große Mehrheit der Bevölkerung befürwortet die Religionsfreiheit und ein friedliches Zusammenleben mit Muslimen. Dieses Verhalten kann gestärkt werden, wenn solche Auseinandersetzungen öffentlich und qualifiziert ausgetragen werden.

Konflikte in multikulturellen Gesellschaften sind normal. Sie können genutzt werden, um öffentliche Debatten zu führen und dadurch das Miteinander zu verbessern. Anlässe dafür gibt es genug: Neben Moscheebauten sind es der islamische Religionsunterricht, Kindergarten- und Schulunterricht, Klassenfahrten, Schwimmunterricht, Ramadan, Kleidungsfragen, Medienangebote u.a. Anregungen dabei kann das Clearingprojekt: Zusammenleben mit Muslimen des Interkulturellen Rates geben, das sich bei Konflikten um einen schonenden Interessensausgleich bemüht.

---

8   Vgl. Anlage 1

Die Beiträge zur Debatte

Die Broschüre des Interkulturellen Rates „Das Islambild verändern. Positionen zur Überwindung von Islamfeindlichkeit" ist in vielen Tausenden Exemplaren bestellt und verbreitet worden. Sie will eine Debatte anregen, die auch kontrovers geführt werden soll. Wir haben daher Persönlichkeiten aus unterschiedlichen Bereichen um kritische und weiterführende Beiträge gebeten.

Um kritische Diskussionen zu erreichen haben wir auch Persönlichkeiten angefragt, die selbst ablehnende Einstellungen gegenüber Muslimen haben und sie in der Gesellschaft verbreiten. Keine dieser Personen war zu einem Beitrag bereit. Sofern wir überhaupt eine Antwort erhielten wurde eine Islamfeindlichkeit bestritten. Ähnliche Erfahrungen können bei qualifizierten öffentlichen Debatten immer wieder gemacht werden.

Dieses Buch enthält unterschiedliche Beiträge mit Ansätzen zur Überwindung von Islamfeindlichkeit. Damit wird die Vielfalt der erforderlichen Bemühungen deutlich. Auffällig ist, dass sich nur wenige Beiträge kritisch mit dem Positionspapier des Interkulturellen Rates befassen. Offenbar findet es überwiegend Unterstützung. Im folgenden werden Inhalte der Beiträge in wenigen Sätzen skizziert:

Peter Altmaier, Parlamentarischer Staatssekretär beim Bundesminister des Innern, sieht in der Stärkung des gesellschaftlichen Miteinanders und des gesellschaftlichen Zusammenhalts die zentrale Aufgabe der Deutschen Islam Konferenz (DIK). Mit der DIK hat die Bundesregierung erstmalig einen gesamtstaatlichen Rahmen für den Dialog mit den Muslimen geschaffen. Konkretes Ziel der DIK ist eine verbesserte gesellschafts- und religionspolitische Integration der Muslime in Deutschland. Peter Altmaier erwartet von den Muslimen der Islamkonferenz integrationspolitische Positionierungen, die sich am Gemeinschaftlichen, nicht am Trennenden orientieren.

Roberto Ciulli, Intendant des Theaters an der Ruhr, geht es um das Ziel der Überwindung von phrasenhaften Vorstellungen und Argumenten gegenüber dem Islam. Dabei darf Kritik am Islam nicht tabuisiert werden. An persönlich erfahrenen Beispielen im Iran entfaltet er diese Ziele. Durch gemeinsame Theaterprojekte im Iran und in Mülheim an der Ruhr entdeckte er Übereinstimmungen, die er in einem Zitat von

Marcel Proust zusammenfasst: „Nicht die Gleichheit der Meinungen, sondern die gleiche Artung der Geister bringt eine gegenseitige Annäherung zustande."

Kathrin Klausing, Islamwissenschaftlerin aus Hannover, befasst sich kritisch mit den Begriffen Islamophobie und Islamfeindlichkeit. Aus der wissenschaftlichen Diskussion schlägt sie den Begriff „antimuslimischer Rassismus" vor, den wir für dieses Buch übernommen haben. In der Broschüre des Interkulturellen Rates zum Islambild ist ihr die Verantwortung der Politik zu wenig herausgearbeitet. Sie spricht sich für eine Dokumentationsstelle für Diskriminierungen aus und weist darauf hin, dass die Antisemitismusforschung wertvolle Erkenntnisse für die Bekämpfung von antimuslimischem Rassismus liefern kann.

Aiman A. Mazyek, Generalsekretär des Zentralrats der Muslime in Deutschland, befasst sich mit der Rolle der Medien bei der Islamfeindlichkeit. Zwar darf bei extremistischen Tendenzen nicht weggeschaut werden – aber auch positive Beispiele vom friedlichen Zusammenleben dürfen nicht totgeschwiegen werden. Über Islamthemen wird überwiegend negativ berichtet. Das prägt das öffentliche Bewusstsein. Als positives Beispiel verweist er auf die Beiträge des Islamischen Wortes im Südwestrundfunk und auf die Deutsche Islam Konferenz.

Dieter Oberndörfer, emeritierter Professor für Politikwissenschaft und Soziologie an der Universität Freiburg im Breisgau, sieht in der sozialen und politischen Integration der Muslime einen Test für den demokratischen Verfassungsstaat. Zukunftschancen haben Muslime durch ihre ökonomische und soziale Integration sowie durch ihre Akzeptanz als normale Bürger. Geistige Voraussetzung dafür ist ein republikanisches Staatsverständnis und die Befürwortung von kulturellem Pluralismus. Die politische Integration wird nur gelingen, wenn Muslimen die kulturelle Freiheit gewährt wird.

Birgit Rommelspacher, Professorin für Psychologie an der Alice Salomon Hochschule in Berlin, analysiert die Konflikte um den Bau von Moscheen. Dabei gibt es keine gleichberechtigte Auseinandersetzung, sondern eine Asymmetrie zwischen deutsch-christlichen Verhandlungspartnern und Muslimen. Bei den Aushandlungsprozessen spielen die Religionsfreiheit und der Gleichbehandlungsgrundsatz eine wichtige Rolle, weil hinter ihnen die Autorität der Rechtsprechung und die Glaubwürdigkeit der Gesellschaft stehen. Aus diesen

Konflikten können auch Chancen entstehen – eine Anregung, die für den Titel des Buches aufgegriffen wurde.

Irene Runge, Vorsitzende des jüdischen Kulturvereins Berlin, stellt dar, dass gemeinsames Kochen eine emotionale Kraft gegen irrationalen Rechtsextremismus ist. Islamfeindlichkeit lässt sich wie die Judenfeindschaft nicht aufklärend wegargumentieren. Sinnvoller sind jüdischmuslimische Kochprojekte, bei denen viele gemeinsame Traditionen bewusst werden. Nicht die Religion ist dann wichtig. Vielmehr führt der Weg zum Miteinander durch den Magen. Wer miteinander kocht schmeckt gemeinsame Sympathie.

Canan Topçu, Redakteurin der Frankfurter Rundschau, tut sich schwer mit der Islamfeindlichkeit, da sie selbst pessimistisch eingestellt ist. Sie hat Probleme mit Kopftuchträgerinnen und versteht den Widerstand gegen dieses Stück Stoff. Es graut ihr, wenn ihr eine total verhüllte Frau begegnet und sie fragt, ob es nicht eine innerislamische Debatte darüber geben sollte, ob dies mit dem Islam, der Menschenwürde und dem Menschenrecht vereinbar ist. Wichtige Schritte zur Änderung der Einstellung zu Muslimen sind ein Sich-Kennenlernen und das Wissen um die eigene Religion und die des anderen.

Nicola Towfigh, Generalsekretärin des Nationalen Geistigen Rates der Bahá´í in Deutschland, hebt hervor, dass die Menschheitsfamilie eine Einheit in Vielfalt bildet. Wo das Augenmerk ausschließlich auf Unterschiede der Religionen gelenkt wird, da entstehen Verständnislosigkeit und Hass. Um ein differenziertes Bild des Islam zu entwickeln sind direkte Begegnungen und gemeinsames Handeln der beste Weg. Die Bahá´í waren in Geschichte und Gegenwart insbesondere im Iran einer unablässigen Verfolgung ausgesetzt. Entsprechend ihrer Lehre sind sie allerdings verpflichtet, ihren Unterdrückern „mit liebevoller Freundlichkeit, Geduld und Nachsicht" zu begegnen.

Friedrich Weber, Landesbischof in Braunschweig und Vorsitzender der Arbeitsgemeinschaft Christlicher Kirchen in Deutschland, knüpft an das Toleranz-Verständnis von Lessings Ringparabel an, bei der die Frage nach der Wahrheit in den Hintergrund tritt. Bei dem Dialog zwischen den Religionen erfolgt ein Ringen zwischen der Verbindlichkeit des Wahrheitsanspruchs, den jede Religion hat und dem Respekt vor den Mitmenschen. Er spricht sich für eine Zivilisierung aus und für die Verabschiedung vom Identitätsdenken. Als konkretes Beispiel beschreibt er das Projekt „Weißt Du, wer ich bin?", bei dem Juden, Christen und Muslime kooperieren und zum friedlichen Zusammenleben der Religionen beizutragen versuchen.

Torsten Jäger, Geschäftsführer des Interkulturellen Rates in Deutschland, beschreibt das von ihm geleitete Clearingprojekt: Zusammenleben mit Muslimen. Er unterscheidet zwischen der gefühlten und der realen Wirklichkeit der Muslime in Deutschland. Da sich das Clearingprojekt mit Konflikten von Muslimen und Nichtmuslimen befasst, wird sehr konkret erfahren, wo Lösungsmöglichkeiten und ihre Grenzen sind. Häufig ist ein schonender Interessensausgleich möglich. Das Zusammenleben ist inzwischen weitgehend zur Normalität geworden.

Der Anhang

Im Anhang findet sich zuerst die Broschüre des Interkulturellen Rates „Das Islambild verändern", die Anregungen zur Überwindung von Islamfeindlichkeit enthält. Diese Schrift hat Diskussionen ausgelöst – als Anlage 2 sind Gesichtspunkte aus dem Zentralkomitee der deutschen Katholiken und eines Lehrers aus dem Ruhrgebiet beigefügt. Bei der Überwindung von antimuslimischem Rassismus hat der Streit um Moscheen einen hohen Stellenwert – deshalb wurde die Broschüre „Moscheen als Orte der Spiritualität und Integration" aufgenommen, die zu einem veränderten Verständnis der Arbeit von Moscheen beigetragen hat (Anlage 3).

Vor Jahren hat die Debatte um die Scharia die Stimmung gegen Muslime in Deutschland aufgeheizt – die Veröffentlichung des Deutschen Islamforums „Scharia als Glaubensweg von Muslimen" hat dazu beigetragen, diese Debatte zu versachlichen (Anlage 4). Zu den Internationalen Wochen gegen Rassismus 2009 haben der Koordinationsrat der Muslime und der Interkulturelle Rat einen in vielen Tausend Exemplaren verbreiteten Aufruf veröffentlicht, der insbesondere im christlich-fundamentalistischen und rechtspopulistischen Umfeld zu Protesten geführt hat durch den Satz: „Islamfeindlichkeit ist die gegenwärtig am meisten verbreitete Form von Rassismus" (Anlage 5).

Abschließend danke ich den Autorinnen und Autoren für ihre anregenden Beiträge, Torsten Jäger für die Mitwirkung und Beratung bei der Erstellung des Buches und Ingrid Hoensch für die Zusammenstellung der Anlagen, den Informationen zu den Autorinnen und Autoren sowie für das Literaturverzeichnis und die Korrekturarbeiten.

Frankfurt am Main
August 2009

Islambild verändern? Islambild schärfen![1]

Peter Altmaier

„Muslime in Deutschland – deutsche Muslime": dies ist das Leitmotiv der Deutschen Islam Konferenz, die Bundesinnenminister Dr. Wolfgang Schäuble am 27. September 2006 ins Leben gerufen hat. Es umschreibt die Herausforderung sehr treffend, der wir gegenüber stehen: Wie kann es uns gelingen – vor dem Hintergrund zahlreicher, zum Teil auch wachsender Gegensätze und daraus resultierender Spannungen in unserer Gesellschaft – das gesellschaftliche Miteinander und den gesellschaftlichen Zusammenhalt zu fördern? Die Islamkonferenz ist zum einen das unmissverständliche Signal an die deutsche Aufnahmegesellschaft, Muslime als Teil der deutschen Gesellschaft anzunehmen. Zum anderen ist sie aber auch Appell an die Muslime in Deutschland und ihre Organisationen, einen aktiven Beitrag im Integrationsprozess zu leisten.

Dramatische empirische Zahlen

Die Ausgangslage für dieses so notwendige wie ambitionierte Vorhaben hätte kaum schwieriger sein können. Als das Bundesinnenministerium die Deutsche Islam Konferenz ins Leben rief, war gerade eine Allensbach-Umfrage zur Sicht der Deutschen auf die Muslime und den

---

1 Der Beitrag wurde Ende 2008 fertiggestellt und berücksichtigt nicht die Ergebnisse der 4. Plenarsitzung der Deutschen Islam Konferenz vom 25. Juni 2009.

Islam erschienen.[2] 91 Prozent der in der Studie befragten Bürger sagten, sie dächten bei dem Stichwort Islam an die Benachteiligung von Frauen. 83 Prozent meinten, der Islam sei von Fanatismus geprägt. 71 Prozent hielten den Islam für rückwärts gewandt und intolerant. Für undemokratisch hielten den Islam damals 60 Prozent der Deutschen. Die Eigenschaft Friedfertigkeit verbanden dagegen nur acht Prozent der Deutschen mit dem Islam.

Diese Zahlen sind dramatisch. Wer sie erklären oder zumindest nachvollziehen will, stößt schnell auf die historische Dimension eines zivilisatorischen Missverständnisses. Dass die Geschichte des Miteinanders von Muslimen und Christen oft reduziert wird auf eine Geschichte der Gegensätze und des Konflikts, liegt nicht zuletzt an historischen Ereignissen. Von den Kreuzzügen bis zur Belagerung Wiens – all das ist durch den 11. September 2001 oder den Karikaturenstreit schlagartig wieder ins Bewusstsein gerückt. Trotzdem müssen wir stärker in die Tiefe gehen, um zu verstehen, warum das Bild, welches Muslime und Christen voneinander haben, so ist wie es ist. Da gelangen wir schnell zu dem, was beide Gruppen voneinander wissen, und was sie nicht voneinander wissen. Der geringe Grad an Wissen über den Islam und seine Organisationen ist eine der wichtigsten Ursachen dafür, dass die Menschen in Deutschland – wie übrigens auch in vielen anderen europäischen Ländern – einer Zusammenarbeit zwischen Staat und Muslimen in Deutschland so kritisch gegenüberstehen. Wer also sind die deutschen Muslime?

Wir wissen, dass bereits über drei Millionen Menschen in Deutschland aus muslimisch geprägten Ländern stammen. Die überwiegende Mehrheit der Muslime in Deutschland ist mit ihren Familien in den vergangenen Jahrzehnten nach Deutschland zugewandert. Die meisten von ihnen stammen aus der Türkei. Nicht alle dieser über drei Millionen Menschen sind aber auch tatsächlich religiös oder würden sich, nach ihrer primären Identität befragt, als Muslim oder Muslima bezeichnen. Zudem gibt es Gruppen, ich denke hier an die Aleviten, die gemeinhin zum breiten religiösen Spektrum islamischer Glaubensrichtungen hinzugezählt werden, sich aber zum Teil als nicht dem Islam zugehörig definieren. Es ist also anzunehmen, dass die Zahl der praktizierenden Muslime in Deutschland geringer ist.

---

2 Vgl. Elisabeth Noelle/Thomas Petersen, Eine fremde, bedrohliche Welt, in: Frankfurter Allgemeine Zeitung vom 17. Mai 2006, S. 5.

Die Deutsche Islam Konferenz hat aus diesem Grund das Forschungsprojekt „Muslimisches Leben in Deutschland" beim Bundesamt für Migration und Flüchtlinge in Auftrag gegeben, das genau dieses Grundlagenwissen erforschen soll. Die ersten Ergebnisse des Forschungsprojekts werden im Laufe des Jahres 2009 veröffentlicht. Sie werden die 2007 erschienene und ebenfalls vom Bundesinnenministerium geförderte Studie „Muslime in Deutschland" der Autoren Brettfeld und Wetzels ergänzen.

Differenzierung in der Berichterstattung

Mit dem Ziel, für mehr Differenzierung in der Berichterstattung über Themen mit Islambezug in deutschen Medien zu werben, veranstaltete das Bundesministerium des Innern im Rahmen der Deutschen Islam Konferenz zudem gemeinsam mit der Herbert-Quandt-Stiftung im Februar 2008 in Berlin die Fachkonferenz „Das Islambild in Deutschland: Neue Stereotype, alte Feindbilder?". In seiner Ansprache an die Teilnehmer der Konferenz setzte sich Bundesinnenminister Dr. Wolfgang Schäuble für eine verantwortliche Berichterstattung in den Medien ein: Es solle weniger häufig die spektakuläre, die trennende Nachricht im Vordergrund stehen, sondern breit und differenziert über den Islam und Muslime in Deutschland informiert werden. Die Konferenz benannte aber auch die unzureichende muslimische Selbstdarstellung als eine wesentliche Ursache für das negative Image des Islam in Deutschland und betonte zugleich die Verantwortung der Politik und der Medienkonsumenten.

Religion ist aber nicht nur Bild, sie ist ein wichtiger Faktor für das Handeln von Einzelnen und von Gemeinschaften. Religion ist oftmals bestimmend für die Herausbildung einer Identität – nicht nur, aber auch in Abgrenzung zu anderen Gruppen. Die Deutsche Islam Konferenz verfolgt daher auch das Ziel, gesellschaftlichen Konflikten vorzubeugen, die durch das Heimischwerden einer für Deutschland relativ neuen Religion entstehen können und zum Teil ja auch tatsächlich bestehen. Die nicht immer sachlichen Debatten um Reizthemen wie Kopftuch, Moscheebau, Minarette, den Muezzin-Ruf oder das Schächten zeigen, wo die Konfliktlinien liegen.

Islamistischer Extremismus

Im Hintergrund solcher Diskussionen schwebt die Sorge vieler Menschen in Deutschland, die Muslime würden unsere demokratische Ordnung nicht mittragen oder gar auf eine Aufweichung unseres säkularen Rechtsstaats zugunsten eines islamisch fundierten Rechts, der *Scharia,* dringen. Solche Sorgen werden durch die Aktivitäten einzelner Organisationen genährt. Aber auch wenn auf Veranstaltungen und Büchertischen antisemitische Literatur vertrieben wird, dann ist das gerade für uns Deutsche nicht zu akzeptieren. Ebenso berechtigt ist die Sorge der Sicherheitsbehörden in Deutschland, der Islam würde auch in Deutschland zur Rekrutierung von Terroristen instrumentalisiert. Muslime und Sicherheitsbehörden machen sich deshalb in der Islamkonferenz gemeinsam Gedanken, wie wir gemeinsam – Staat, Muslime, Zivilgesellschaft – gegen islamistischen Extremismus und Radikalisierung vorgehen können.

All diese Fragen werden in der Islamkonferenz diskutiert. Wir müssen über diese Fragen diskutieren, weil wir anders die Barrieren für eine Integration und Akzeptanz der Muslime in Deutschland nicht überwinden können. Wer denkt, dies ließe sich in wenigen Jahren oder in gelegentlichen multikulturellen Begegnungen leisten, verkennt die Natur der uns gestellten Aufgabe. Die Islamkonferenz ist ein langfristiger Verhandlungs- und Kommunikationsprozess zwischen dem deutschen Staat und Vertretern der muslimischen Bevölkerung Deutschlands. Sie soll Wege zu einer besseren gesellschafts- und religionspolitischen Integration aufzeigen und – soweit es die Aufgabenverteilung mit den Bundesländern zulässt – auch beschreiten.

Integration

In der Arbeitsgruppe 1 „Deutsche Gesellschaftsordnung und Wertekonsens" diskutieren wir die Grundlagen der Integration und des Zusammenlebens in Deutschland. Hierbei stand zunächst ein Ringen um Definitionen und Begrifflichkeiten im Vordergrund. Im Zwischen-Resümee der Deutschen Islam Konferenz, vom Plenum der Islamkonferenz am 13. März 2008 verabschiedet, sind erste Ergebnisse dieser Diskussionen festgehalten. Zum ersten Mal ist es gelungen, ein gemeinsames Verständnis von Integration zu Papier zu bringen.

Sowohl die staatlichen als auch die muslimischen Mitglieder einigten sich auf folgende Definition:

„Integration als Prozess verändert grundsätzlich beide Seiten, die Mehrheitsgesellschaft wie auch die Zuwanderer. Sie verlangt Zuwanderern dabei ein höheres Maß an Anpassung ab, insbesondere an die auf Recht, Geschichte und Kultur Deutschlands beruhenden Orientierungen der Aufnahmegesellschaft. Das Bekenntnis zur deutschen Rechts- und Werteordnung und die Bereitschaft zu Erwerb und Gebrauch der deutschen Sprache bilden den Weg zum Verständnis und zur Teilhabe an ihr." Die Bedeutung, die der Aufnahmegesellschaft im Prozess der Integration zukommt, ist in folgendem Satz festgehalten: „Umso wichtiger ist es, dass Staat und Gesellschaft Zuwanderer dabei unterstützen, Teil der deutschen Gesellschaft zu sein und von ihr entsprechend anerkannt und als bereichernd empfunden zu werden."

Seit dem Plenum im März 2008 geht es nun in der Arbeitsgruppe 1 darum, die gemeinsam formulierten Definitionen mit Inhalten zu füllen. Wie kann zum Beispiel die Aussage konkretisiert werden, dass Zuwanderern – und im Fall der Islamkonferenz sprechen wir von muslimischen Zuwanderern – ein höheres Maß an Anpassung abverlangt werde?

Schule

Um die Diskussion anhand von konkreten Beispielen führen zu können, hat die Arbeitsgruppe 1 ähnlich wie die Arbeitsgruppe 2 der DIK die Schule als Referenzort gewählt, da hier Integrationsprozesse, aber auch Integrationskonflikte wie im Brennglas hervortreten. Anhand schulischer Beispiele also untersuchen wir, ob auch tatsächlich ein gemeinsames Verständnis der erarbeiteten Definition von Integration vorherrscht. Zum jetzigen Zeitpunkt zeichnen sich eher unterschiedliche Positionen ab. Und wenn ich von Unterschieden spreche, dann meine ich nicht nur die Unterschiede zwischen staatlicher und muslimischer Seite, sondern insbesondere auch die Unterschiede zwischen organisierten und nicht organisierten Muslimen.

Ein gutes Beispiel sind Konflikte, die dadurch entstehen, dass Forderungen gestellt und religiös begründet werden, zum Beispiel mit Blick auf islamische Essensvorschriften, das Fasten im Ramadan oder das

Einhalten von Gebetszeiten. Dass muslimische Kinder nicht gezwungen werden dürfen, Speisen zu essen, die ihnen aufgrund der Religion verboten sind, versteht sich von selbst. Wie aber sieht es mit – zugegeben vereinzelten – Einstellungen aus, erst an der Schulspeisung teilnehmen zu wollen, wenn von der Schule garantiert wird, dass in den Töpfen der Schulküche zuvor kein Schweinefleisch verwendet wurde? Auch Kinder von Eltern, die diese Forderungen stellen, dürfen und sollen nicht gezwungen werden, an der Schulspeisung teilzunehmen. Gleichzeitig ist es aber wünschenswert, dass sie es tun, damit die Schule der Ort bleibt, an dem das gesellschaftliche Miteinander erlernt wird. Die muslimischen Schüler sollten deshalb ermuntert werden, die Speiseregel in dieser Frage nicht so strikt auszulegen und sich hier den Gegebenheiten der Aufnahmegesellschaft anzupassen.

Ein weiteres Beispiel: Gebetsräume an öffentlichen Schulen. Grundsätzlich ist es möglich, Gebetsräume für muslimische Schüler an öffentlichen Schulen einzurichten. Der Leiter einer Schule, die einen Gebetsraum für Muslime eingerichtet hat, berichtete gleichwohl, dass er sich kontraproduktiv auswirke. Hier führte er interessanterweise nicht die mögliche Aufspaltung der Schülerschaft in muslimisch und nichtmuslimisch an, sondern berichtete von aufkeimenden Konflikten unter den muslimischen Schülern. So habe sich ein heftiger Streit über die Frage entwickelt, ob auch muslimische Schülerinnen, die kein Kopftuch tragen, den Gebetsraum besuchen dürften. Das habe zu einer problematischen Verstärkung religiöser Identitäten anhand des Merkmals Kopftuch geführt, die es so vorher in seiner Schule nicht gegeben habe.

Anhand dieser Beispiele muss die Frage gestellt werden, wie viel Differenz – unabhängig vom rechtlich Möglichen – in einer pluralistischen und säkularen Ordnung, wie wir sie in Deutschland haben, gewollt ist. Wir müssen uns fragen, ab wann sie möglicherweise der Integration schadet und Phänomene der Ab- (und Selbstaus-)grenzung fördert, die über das normale Maß an Identitätsbildung hinausgehen.

Während die meisten der organisierten Muslime hinsichtlich der genannten und ähnlich gelagerter Beispiele – ich will diese Differenz deutlich benennen – auf eine weite Auslegung des Grundrechts der Religionsfreiheit pochen, setzen die staatliche Seite und viele der nichtorganisierten Muslime auf die Förderung des Gemeinschaftlichen und stellen damit das integrationspolitisch Sinnvolle in den Mittelpunkt. Hier gilt es jedoch gleich einzuwenden: Es geht bei der Forderung nach dem integrationspolitisch Sinnvollen nicht darum, mittels des Integrationsarguments die Religionsfreiheit durch die Hintertür einschränken zu wollen. Nein! Wir müssen aber eine Diskussion darüber führen, ob alles, was rechtlich möglich, auch integrationspolitisch sinnvoll ist. Auf freiwilliger Basis möchten wir gemeinsam mit den Muslimen das integrationspolitisch Sinnvolle voranbringen.

Die Erwartungen, die wir in der Islamkonferenz an die Kooperationsfähigkeit der Muslime stellen, lassen sich in diesem Sinne zusammenfassen: Wir wollen die Muslime der Islamkonferenz einschließlich der islamischen Vereinigungen als Partner im Integrationsprozess und verlangen dafür Positionierungen, die sich am Gemeinschaftlichen, nicht am Trennenden orientieren.

Transparenz

Wie wichtig dies ist, zeigt sich in der Debatte über eines der höchsten Güter in einer freiheitlichen Demokratie: Transparenz. Die Debatte hierüber findet in der Islamkonferenz vor allem im Gesprächskreis „Sicherheit und Islamismus" statt. Dabei machen alle Beteiligten deutlich, was sie unter Transparenz verstehen und wie Transparenz ihrer Meinung nach von den Muslimen in Deutschland und insbesondere ihren Organisationen praktiziert werden sollte. Die Debatte darüber ist noch nicht abgeschlossen. Trotzdem kann ich einige Aspekte ansprechen, die nach Meinung der staatlichen Vertreter sowie der im Gesprächskreis vertretenen Wissenschaftler wichtig sind:

Die muslimischen Verbände sollten deutlicher als bisher vermitteln, dass ihr Interesse und Wirken den in Deutschland lebenden Muslimen gilt. Viele Menschen in Deutschland haben die Sorge, muslimische Organisationen könnten Interessen und Vorgaben anderer Staaten bzw. von Organisationen in islamischen Staaten dienen. Das ist kontraproduktiv für die Integration. Einmal, weil es die Muslime als „fremde Gruppe" erscheinen lässt. Zum anderen, weil Muslime sich wahrscheinlich schwerer tun, hier anzukommen, wenn die Perspektive wichtiger Autoritäten in ihren Gemeinschaften allzu oft eine ausländische ist.

Besonders deutlich sehen wir das in den Debatten um Moscheebauten. Sie verläuft bisweilen höchst unterschiedlich – nicht nur in Duisburg und Köln. Das liegt oft auch daran, dass sich Bauinitiativen nicht hinreichend transparent machen, woher denn die Gelder für einen solchen Bau kommen. Wir alle wissen: Mit Geld ist immer auch Einfluss verbunden. Die Öffentlichkeit hat ein legitimes Interesse zu erfahren, wie sich muslimische Organisationen finanzieren. Der deutsche Staat kann keine Partnerschaft mit Organisationen eingehen, die ihre Finanzierung nicht offen legen. Da gibt es mitunter arge Defizite.

Die Strukturen islamischer Organisationen sind oft wenig durchsichtig. Viele der muslimischen Dachverbände weigern sich bis heute, öffentlich einsehbar darzustellen, welche Moscheegemeinden zu ihnen gehören und welche nicht. Es gibt keinen nachvollziehbaren Grund, warum eine Organisation dazu nicht in der Lage sein sollte. Ein solches Verhalten erregt Misstrauen und qualifiziert nicht für eine Partnerschaft mit dem Staat.

Ein vierter wesentlicher Aspekt ist die Transparenz dessen, was in den Moscheen gelehrt und gelernt wird. Der deutsche Staat braucht Gewissheit, dass sich muslimische Organisationen vollständig und unmissverständlich zu unserer Demokratie bekennen – und dass sie sich ebenso entschlossen von extremistischen Positionen und auch Personen distanzieren. Das Bundesverfassungsgericht hat aus gutem Grund das Kriterium der Rechts- und Verfassungstreue an die Verleihung des Status einer Körperschaft des öffentlichen Rechts geknüpft. Muslimische Organisationen sind in der Bringschuld, diesen Anspruch zu leben. Egal ob sie Körperschaft werden wollen oder nicht: in einer offenen Gesellschaft gibt es keinen Raum für Intransparenz, zumindest nicht wenn eine Gruppe akzeptiert statt nur toleriert werden will.

Die Akzeptanz der Muslime und des Islam in Deutschland, das ist unser gemeinsames Ziel. Wir können es nicht erreichen, wenn die genannten Fragen nicht für die Menschen in Deutschland zufriedenstellend beantwortet werden. Nur so wird sich das Islambild der Deutschen verändern, in dem es sich in ernsthafter Debatte schärft. Diesen Prozess müssen wir alle in Gelassenheit ertragen und vorantreiben, wenn wir die Integration der Muslime wollen.

Nicht die Gleichheit der Meinungen, sondern die gleiche Artung der Geister bringt eine gegenseitige Annäherung zustande (Marcel Proust)

Roberto Ciulli

Im Jahr 1996 bin ich in Begleitung des Schriftstellers, Journalisten und Islamwissenschaftlers Navid Kermani zum ersten Mal nach Iran gereist. Während der Zeit unseres Aufenthaltes wurde das schiitische Totenritual gefeiert. In dem Gedränge eines überfüllten Bazars verlor ich Navid aus den Augen. Plötzlich stand ich allein inmitten einer Prozession, die Menschen schrieen und weinten. Die Atmosphäre wurde immer bedrohlicher. Als ich sah, dass ich der einzige Europäer war, fühlte ich mich ein wenig unbehaglich. Doch ich versuchte, ruhig und gelassen zu bleiben. Dieses Verhalten, das ich für unauffällig hielt, erregte inmitten einer aufgebrachten Menge jedoch Aufsehen. Mitweinen und schreien konnte ich nicht, mir war nicht danach und es hätte auch nicht viel zu meiner Tarnung beigetragen, denn dass ich nicht dazugehörte, war offenkundig. Nun stieß mir jemand in die Rippen. Meine große Anstrengung, die Stöße zu ignorieren, können ihm nicht entgangen sein, dennoch ließ er nicht von mir ab. Schließlich blickte ich mich zu ihm um. Mit tränenüberströmtem Gesicht sah er mich an und fragte in akzentfreiem deutsch: *Willst du einen Teppich kaufen?*

Dieses doppelte Gesicht: das ist Iran. Das ganze Äußerliche ist ein großes Theater, das ich auch aus Italien kenne. Ich habe mich sogleich heimisch gefühlt. Doch möchte ich damit nicht sagen, dass Gefühle, die hemmungslos zum Ausdruck kommen, bedeutungslos oder gespielt sein müssen. Die Trauer der Iraner beruht auf gefühlsstarkem Erinnern. Fast jeder gläubige Iraner träumt davon, einmal in seinem Leben nach *Kerbela* zu pilgern, zu einem Schrein im Zentrum des Irak, der dort errichtet wurde, wo Hossein vor mehr als dreizehnhundert Jahren den Märtyrertod erlitten hat.

Das ist einer der Unterschiede zwischen Iranern und Deutschen, deren Sehnsucht nach dem Vergessen, bedingt durch die neue deutsche Geschichte, stark ausgeprägt ist. Erinnerungen verhindern häufig die Möglichkeit, ein unbeschwertes Leben zu führen. In dem Wunsch zu verdrängen und zu vergessen sieht der Sohn von Walter Jens sogar den Grund für die Demenzerkrankung seines Vaters, der, wie er es ausdrückt, *Krankheit einer ganzen Generation*. Das Theater an der Ruhr beschäftigt sich häufig mit dem Thema der Erinnerung. Eine unserer letzten Inszenierungen „Wer hat meine Schuhe vergraben?" setzte sich mit dem Akt des Erinnerns auseinander, es ist eine Improvisation, die ich gemeinsam mit dem Ensemble erarbeitet habe. Wir haben die Splitter der Vergangenheit in einen Zusammenhang gebracht, der sich erzählen lässt. Und insofern sind Erinnerungen stets auch Erfindungen, von denen sich schwer sagen lässt, so war es und nicht anders. Und dennoch: ohne sie kommen wir nicht aus. Durch das Erinnern hindurch wird unsere eigene und unsere kollektive Geschichte zu Teilen verstehbar, wir befinden uns nicht nur in dem Jetzt, das zu jedem Zeitpunkt ein Vergangenes ist, das dem Vergessen anheimfallen kann. Diese *gleiche Artung des Geistes* habe ich also recht bald erkannt und bin immer mit Liebe und Lust nach Iran gereist. Mit großer Besorgnis habe ich festgestellt, dass es Vorbehalte gegenüber Iran gibt, die aus dem Glauben resultieren, der Islam sei gleichzusetzen mit Fundamentalismus, Gewaltneigung und der Unterdrückung der Frau.

Die romantisch verklärte Vorstellung von einem nach Safran duftenden Land, in dem der Sultan mit schönen Bauchtänzerinnen in prachtvollen Palästen wohnt, ist einem anderen Vorurteil gewichen. Für die feindliche Ablehnung des Islam gibt es mittlerweile einen eigenen Begriff. Die *Islamophobie* ist Studien zufolge in Deutschland weit verbreitet. Eine größere internationale Verwendung fand der Begriff nach dem Terroranschlag auf das World Trade Center am 11. September 2001. Hinter den Vorbehalten gegenüber dem Islam stehen ganz unterschiedliche Motive, die von konservativen Ängsten um die kulturelle Identität dieser Gesellschaft über weit verbreitete Befürchtungen hinsichtlich der inneren Sicherheit bis hin zu Sorgen um die Wahrung emanzipatorischer Errungenschaften reichen.

Nicht nach Iran zu reisen ist ganz sicher die beste Art, sich diese wie jene Illusion zu bewahren. Die meisten Deutschen haben keinen direkten Kontakt zu Muslimen oder zur islamischen Welt, ihr Islambild wird von Massenmedien geprägt. Untersuchungen haben ergeben, dass bei deutschen Medien starke Vorbehalte gegen den Islam bestehen, die in den letzten Jahren zugenommen haben.

Nun soll es hier nicht darum gehen, Kritik am Islam zu tabuisieren, sondern darum, den Wunsch nach einem angemessenen Umgang mit bestehenden Ängsten zu äußern. Skepsis, Kritik oder auch Angst gegenüber dem Islam pauschal ins Unrecht zu setzen macht keinen Sinn. Die bestehenden Vorbehalte auf ihren möglichen Sachgehalt hin kritisch zu prüfen, phrasenhafte Vorstellungen und Argumente zu überwinden, muss das Ziel sein.

Als im Jahr 2006 die Fußballweltmeisterschaft in Deutschland ausgetragen wurde, interessierten sich brasilianische Medien für Deutschland. Viel wurde berichtet von No-go-Areas, dieser Begriff bezeichnet – neben seiner ursprünglichen Bedeutung – auch Regionen in Deutschland, in denen Besucher mit rassistischer Gewalt rechnen müssen. Nun ist nicht jeder Deutsche rechtsradikal und es gibt Regionen in Deutschland, in denen sich Menschen mit schwarzer Hautfarbe sicher bewegen können. Die Frage, ob Schwarze sich der Gefahr aussetzen könnten, nach Deutschland zu reisen scheint übertrieben. Doch ist der Hinweis auf für sie unsichere Gegenden in Deutschland nicht unbegründet. Verallgemeinerungen sind in der Ablehnung wie auch in der Sympathiebekundung wenig hilfreich bei der Bekämpfung von Vorurteilen. Nicht jeder Iraner ist ein gläubiger Muslim, wie auch nicht jeder Italiener ein gläubiger Katholik ist. Und einen Essay über das Islambild zu schreiben ist schon aus diesem Grund nicht ganz einfach. Es ist ein komplexes Thema. Hätte mich jemand gebeten, einen Text über das Christenbild zu verfassen, hätte ich darum gebeten dies zu spezifizieren. Sollte ich über den Nordirlandkonflikt zwischen Katholiken und Protestanten, die spätmittelalterliche Inquisition, die Humorlosigkeit der Protestanten, die Verbrechen und Korruption im Vatikan, über die Zeugen Jehovas, über die Askese der Siebenten-Tags-Adventisten, die

Intoleranz der Evangelikalen, über die christlichen Fundamentalisten, die Abtreibung durch die Todesstrafe sanktionieren, schreiben?

Es gibt im Christentum sehr viele Untergruppen, unter diesen Untergruppen gibt es weitere Untergruppen. Es gibt Liberale und Konservative, Ideologen und Pragmatiker, Menschenfreunde und Misanthropen. Diese Unterschiede gibt es natürlich auch im Islam. Die Mehrheit der Muslime hält nichts von erzwungenen Heiraten und bringt dem religiös begründeten Terrorismus keine Sympathie entgegen. Doch lebt eine große Anzahl der Europäer in dem Glauben, es gäbe nur eine Art von Muslimen und zwar Fundamentalisten. Islamophobe Tendenzen sind derzeit in fast allen Ländern der Europäischen Union zu verzeichnen. Abgesehen davon sind Menschen auch neben ihrer religiösen Einstellung handelnde Subjekte. Sie sind nicht nur Angehörige einer Religionsgruppe.

Die Völker wie die Menschen kennen sich nicht, das ist ihr größter Mangel. Man muss sich Mühe geben, einander kennen zu lernen, um sich vorurteilsfreier begegnen zu können. Ein Problem unserer Zeit ist der Irrtum der Menschen, ein erschöpfendes Wissen von der Welt zu haben, da man sich im Internet umfassend informieren kann. Google Earth wirbt auf seiner Seite: *Mit unserem Programm können Sie ganz gemütlich die Welt bereisen, ohne auch nur einen Fuß vor die Tür setzen zu müssen. Ganz einfach gesagt ist Google Earth eine kostenlose Software, die dem Benutzer die Möglichkeit bietet, eine virtuelle Reise durch die Welt zu unternehmen.* Ich bin überzeugt, dass man um weltkundig zu werden, den Fuß vor die Tür setzen muss. Man muss seine Bequemlichkeit ablegen und anderen offen begegnen.

Daher habe ich mich vor über 10 Jahren auf die Suche nach iranischen Partnern im kulturellen Sektor gemacht. Von diesem Zeitpunkt an entwickelte sich eine ständige Beziehung zwischen iranischen Theatern und dem Theater an der Ruhr. Im Jahr 1998 zeigte eine iranische Theater-Gruppe erstmals ein Gastspiel in Mülheim an der Ruhr, im Jahr 1999 spielte das Theater an der Ruhr zum ersten Mal in Iran im Rahmen des 17. Fadjr-Festival. Rückblickend kann festgestellt werden, dass wir gemeinsam eine kulturelle und intellektuelle Zusammenarbeit etabliert haben und, abgesehen von der Politik, entdeckten wir geistige Übereinstimmungen als Fundament unserer Arbeit.

Im Jahr 2002 kulminierte diese Zusammenarbeit in der Produktion „Bernarda Albas Haus" von Federico García Lorca, das ich in Teheran mit iranischen Schauspielerinnen inszenierte. Später reiste diese Produktion durch Europa. Seit Beginn war die Kernidee unserer Zusammenarbeit auf beiden Seiten zu lernen, wie die richtigen Fragen über die Unterschiede und Gemeinsamkeiten der zwei unterschiedlichen Kulturen gefunden werden können. Die Kontinuität der Arbeit zeigt das große Interesse und die Art der fruchtbaren Neugier, die nicht befriedigt werden kann. Ästhetisches Verständnis führt zu einem tieferen Verständnis als eines das nur von der Vernunft genährt wird.

Nach einem Gespräch mit Roberto Ciulli aufgezeichnet von Sandra Höhne

Antimuslimischer Rassismus statt Islamfeindlichkeit

Kathrin Klausing

Der Interkulturelle Rat hat als eine der ersten Organisationen aus der Mitte der Gesellschaft die Initiative ergriffen, sich dem Thema „Islamophobie" und ihrer Bekämpfung zu widmen. Zu diesem Zwecke ist eine Broschüre entstanden, die informieren und gleichzeitig zu Taten auffordern soll. Es ist erleichternd zu sehen, dass dieses Thema endlich seine notwendige Beachtung findet.

Es ist äußerst positiv zu bewerten, dass dieses Phänomen – in der Broschüre zumeist Islamfeindlichkeit genannt – als eine Form des Rassismus bewertet wird. Positiv, weil zutreffend, jedoch oft geleugnet in der öffentlichen Diskussion.

Sehr anschaulich wird gleich zu Anfang der Broschüre das Ausmaß der Skepsis bzw. der teils offenen Feindschaft dem Islam und den Muslimen gegenüber belegt. Gegenübergestellt wird hier die Wahrnehmung von Ausgrenzung durch Muslime.[1]

---

1   Wetzels, Peter/Brettfeld, Katrin (2007): Muslime in Deutschland. Studie zu Integration, Integrationsbarrieren, Religion und Einstellungen zu Demokratie, Rechtsstaat und politisch-religiös motivierter Gewalt. Noelle, E. und Petersen, T.: Eine fremde, bedrohliche Welt. FAZ 17.5.2006, S. 6. Heitmeyer, W.: Deutsche Zustände 1–5.

Zur theoretischen Fundierung

Längst überfällig ist die kritische Betrachtung des Begriffes Islamophobie. In der wissenschaftlichen Diskussion besteht längst Einigkeit darüber, dass dieser Begriff aufgrund seiner negativen Konnotationen mit einer Krankheit und wegen der unzutreffenden Beschreibung nicht für dieses Phänomen geeignet ist. Die Unterscheidung zwischen Islamophobie und Islamfeindlichkeit, die in der Broschüre vollzogen wird, ist jedoch nicht nachvollziehbar. Die Präferenz der Autoren des Begriffs „Islamfeindlichkeit" gegenüber dem der „Islamophobie" ist zwar zu begrüßen, doch auch dieser Begriff wird dem Phänomen nicht wirklich gerecht. Eine Begriffsalternative aus der wissenschaftlichen Diskussion wäre der Begriff des anti-muslimischen Rassismus.[2]

Ursachenzuschreibung: Wo bleibt die Politik?

In der Ursachenanalyse in Bezug auf ablehnende Einstellungen Muslimen gegenüber fällt auf, dass jenseits von Wahlkampagnen die Politik wenig adressiert wird. Dies ist aber ein echter Schwachpunkt.

Da sind zum Einen die vielen „sicherheitspolitischen Maßnahmen" der Bundesregierung seit dem 11. September, die besonders im Aufenthaltsrecht, Zuzugsbestimmungen und polizeilichen Kontrollen ihren Niederschlag finden und in diesen Bereichen besonders Muslime betreffen und somit diskriminieren. Hierzu zählen auch Razzien in Moscheen und so genannte verdachtsunabhängige Kontrollen[3], die das Misstrauen in muslimische Gemeinden vor Ort in ihrer direkten Nachbarschaft extrem befördern. Durch eine Schieflage und man-

---

2 Für eine kurze prägnante Diskussion siehe Attia, Iman: *Ausschluss, Fürsorge und Exotismus – Kulturrassismus im Umgang mit Islam und >Muslimen<*. In: Bundschuh, Stephan/ Jagusch, Birgit (Hg.): Islamfeindlichkeit – Aspekte, Stimmen, Gegenstrategien. IDA e.V., 2007, S. 6–7.

3 In Wolfsburg wurden Muslime sogar Zeitungsberichten zufolge während einer solchen Kontrolle gestempelt, was das Gefühl der Brandmarkung bei den Kontrollierten noch verstärkte. Vgl. dazu die kleine Anfrage der niedersächsischen Landtagsabgeordneten Filiz Polat aus dem Jahr 2008: http://www.filiz-polat.de/cms/default/dok/241/241438.anfrage_diskriminierung_der_besucher_von.html.

gelndes öffentliches Interesse werden die in fast[4] allen Fällen ergebnislosen Razzien oder Rasterfahndungen gar nicht erst bekannt.

Ein weiteres Beispiel fehlgeleiteter Sicherheitspolitik und fahrlässiger Äußerungen von Politikern ist die so zu nennende Konvertitenangst[5]. Bemerkungen in Medienmeldungen und von deutschen Politikern helfen nur eine Untergruppierung von Muslimen weiter zu stigmatisieren. Konvertiten gelten so als besonders gefährlich, fanatisch und verdächtig. Das paradoxe ist, dass gerade ihre Unauffälligkeit in der Gesellschaft Verdacht erregt.

Diese Themen können in einer Bestandsaufnahme zum Thema „Islambild in Deutschland" einfach nicht fehlen.

Spielt Antisemitismusforschung eine Rolle?

Der Hinweis auf eine Unvergleichbarkeit mit dem Antisemitismus ist richtig und wichtig, gleichzeitig aber irreführend. Richtig, weil die lange Geschichte des Antisemitismus in der deutschen Geschichte ungleich stärkere Formen der Diskriminierung von Juden – auch vor dem Dritten Reich – zur Folge hatte, als dies für Muslime heute zutreffen kann. Wichtig, weil der Vergleich in heutigen Diskussionen mit Islambezug schon fast notorisch geworden ist, durchaus eine wichtige und richtige Botschaft übermitteln möchte, allerdings mit diesem Vergleich vor einem deutschen Publikum oft auf taube Ohren bzw. Ablehnung stößt. Irreführend ist dieser Hinweis zu Anfang der Broschüre jedoch zum Einen, weil er dort völlig ohne Zusammenhang steht und zum Anderen, weil eine Vermeidung von Gleichsetzungen oft auch die Konsequenz hat, strukturelle Vergleiche von Ursachen, Denk- und Argumentationsmustern zu vermeiden bzw. in ein schiefes Licht zu rücken, nämlich in die rechte Ecke. Die Antisemitismusforschung kann jedoch wertvolle Erkenntnisse und Hinweise für die Bekämpfung von

---

4 Vgl. dazu die kleine Anfrage des niedersächsischen Landtagsabgeordneten Dr. Hans-Albert Lennartz vom 12.11.2003 zum Thema Rasterfahndungen und deren Ergebnis: http://www.landtag-niedersachsen.de/Drucksachen/Drucksachen%5F15%5F2500/0501-1000/15-0760.pdf.

5 U.a. zu Perzeption des Konvertiten als Gefahr in der deutschen Sicherheitspolitik und in den Medien siehe: Esra Ozyurek (2009) *Convert Alert: German Muslims and Turkish Christians as Threats to Security in the New Europe*. In: Comparative Studies in Society and History 2009;51(1):91–116.

anti-muslimischem Rassismus liefern. Dies unter anderem deshalb, weil die anti-muslimische Argumentation sich oft ähnlicher Muster bedient, wenn es um den Beweis geht, dass die Religion aus ihren Schriften heraus „das Böse" verkörpert – was sich natürlich auf ihre Anhänger überträgt.[6]

Wer sind die Adressaten antirassistischer Aufklärung?

Islamfeindlichkeit sollte zunächst getrennt vom Islam und den Muslimen behandelt werden. Denn im Vordergrund sollte eine Demokratie- und Grundwerteerziehung aller stehen. Dies schließt natürlich die Partizipation und eine Änderung zum Positiven in der muslimischen Community nicht aus.

Da die Forderungen und Vorschläge in der Broschüre als Auflistung, ohne Gewichtung und ohne Adressierung an den Staat und bedeutende zivilgesellschaftliche Institutionen (z.B. Kirchen, Medien) genannt werden, entsteht der Eindruck, dass bestimmten Feldern (bspw. der Reform innerhalb der muslimischen Community) ein ebenso großer oder kleiner Teil an der Lösung des Problems zukommt wie anderen Feldern (bspw. der wichtigen Änderung in der Medienberichterstattung). Das Problem liegt hier also darin, dass die Änderungen in der muslimischen Community als Bedingung gesehen werden könnten und ohne diese ein argumentativer „Ausweg" für diejenigen gefunden ist, die an der Diskriminierung der Muslime nichts ändern möchten!

Diese Adressierung an die richtigen – weil durch die Staatlichkeit politisch verantwortlich und vor allen Dingen in der Lage, strukturelle Änderungen zu vollziehen – Stellen ist nicht zuletzt auch wegen der zunehmenden Diskriminierung von Muslimen – hier insbesondere Musliminnen[7] – in vielen Bereichen gesellschaftlichen und wirtschaftlichen Lebens von enormer Bedeutung.

---

6 Vgl. hier Noack, Hannelore (2001). *Unbelehrbar? Antijüdische Agitation mit entstellten Talmudzitaten. Antisemitische Aufwiegelung durch Verteufelung der Juden.* (Dissertation 1999). Paderborn: University Press.

7 Aktuelle Studien zur Diskriminierung von Muslimen im Allgemeinen und auch muslimischen Frauen im Speziellen sind: Befragung des Antidiskriminierungsbüros des TBB-Berlin (2003–3005), http://www.migration-boell.de/downloads/diversity/Antidiskriminierungsreport_Berlin_2003-2005.pdf; Harald Klier, Antidiskriminierungsstelle im Büro des Ausländerbeauftragten des Landes Brandenburg: Diskriminierung von muslimischen Frauen, Ergebnisse einer Befra-

Ausblick und Empfehlungen

Insgesamt könnte die Verantwortung des Staates beim Diskriminierungsabbau mehr herausgestellt werden und kann durchaus auch in einem Empfehlungskatalog an die Deutsche Islam Konferenz münden. Hier darf man dann auch getrost etwas mutiger werden. Eine Dokumentationsstelle für Diskriminierungen sollte darin unbedingt enthalten sein.

---

gung in Brandenburg, Potsdam 2002; Open Society Institute/ EUMAP (2007): *Muslims in EU Cities: Background research reports, Germany: Background research report*: http://www.eumap.org/topics/minority/reports/eumuslims/background_reports/download/germany/germany.pdf.

Feindbild Islam in Öffentlichkeit und Medien?

Aiman A. Mazyek

Islam und Gewalt, Islam und Terrorismus. Das sind Begriffskombinationen, die heute leider beinahe in aller Munde sind und in den Medien rauf und runter gespielt werden. In ihrer Bedeutung schließen sie sich jedoch gegenseitig aus. Die Wortschöpfung „islamischer Terror" z.B. verbietet sich sowohl inhaltlich wie semantisch. Dennoch hören wir diesen Begriff oft aus dem Munde von Nachrichtensprechern.

Abscheu und Ekel empfinden weltweit die Muslime gegenüber den Terror-Attentaten; sie und die muslimischen Verbände haben das zigmal durch öffentliche Erklärungen, Solidaritätskundgebungen und friedliche Demonstrationen immer wieder öffentlich bekundet. Ein Mord bleibt ein Mord, egal welche Religion der Täter hat. Zu befürchten ist nur, dass die Muslime wieder einmal doppelt bestraft werden: Zum einen sind sie selbst Opfer terroristischer Anschläge – das haben beispielsweise die Anschläge in London oder Madrid gezeigt – und zum anderen werden Muslime als Terroristen stigmatisiert.

Der Irrglaube einiger weniger, über terroristische Aktivitäten und die Pervertierung der eigenen religiösen Grundsätze Veränderungen herbeiführen zu können, trägt gegenwärtig leider maßgeblich zum Erscheinungsbild des Islams bei. Dabei wird bedauerlicherweise viel zu oft auch von den Medien übersehen, dass die überwältigende Mehrheit der Muslime sich damit keineswegs identifiziert, sondern vielmehr Abscheu und Ekel davor empfindet.

Die aktuelle Berichterstattung, so heißt es nach Ansicht der Medien-Arbeitsgruppe der Deutschen Islam Konferenz, konzentriere sich noch zu sehr auf Gewaltthemen, wenn es um den Islam gehe. Bundesinnenminister Wolfgang Schäuble (CDU) sieht denn auch im Gefühl vieler Muslime, ausgegrenzt und abgelehnt zu werden, ein zentrales Problem. „Muslime sind Teil der Gesellschaft und der gemeinsamen Zukunft", betonte er im Februar 2008 in Berlin auf einer Fachkonferenz „Islambild in den Medien" des Innenministeriums im Rahmen der Deutschen Islam Konferenz. Die Massenmedien spielten dabei eine zentrale Rolle bei der Integration von Muslimen. Leider haben wir aber den Islam immer stärker mit Fundamentalismus gleichgesetzt.

In der Konferenz wurde auch durch prominente Stimmen als sinnvoll erachtet, wenn mehr Mitarbeiter mit Migrationshintergrund eingestellt werden, um die kulturelle Vielfalt der deutschen Gesellschaft widerzuspiegeln.

Entwicklungen wie das „Forum am Freitag" des ZDF oder das Islamische Wort im SWR, nannte dann auch der Minister „wichtige Meilensteine in Richtung Normalität".

Positives gibt es, wird aber oft ausgeblendet

Natürlich darf dabei der Fokus der Medien nicht verrücken und angesichts extremistischer Tendenzen wegschauen. Die Frage muss aber gestellt werden, ob die Medien ihrem journalistischen Auftrag gerecht werden, wenn sie in Bezug auf Islam vor allem über Extremisten berichten.

In diesem Diskurs dürfen tagtäglich stattfindende positive Ereignisse nicht einfach ausgeblendet werden und im vorauseilendem Gehorsam sozusagen – nach dem Motto, am Thema Islam und Muslime ist ja immer was Gefährliches dran – positive Beispiele friedlichen Zusammenlebens von Brückenbauern und Friedensaktivisten tot geschwiegen werden.

Als neulich Prinz Hassan von Jordanien in Berlin den jüdischen Abraham-Geiger-Preis erhielt, war das ein großes Ereignis. Diese Veranstaltung, wo sich Juden, Christen und Muslime positiv so nahe standen, sollte eigentlich als Highlight und Friedensbotschaft hoch gewürdigt werden. Fehlanzeige! Kaum ein Medium hat darüber berichtet. Dieses besondere Ereignis, welches immerhin fast die ganze Staatsprominenz zur Preisverleihung vereinigte und wo der Bundesinnenminister unseres Landes die Laudatio auf den Gast aus Jordanien hielt, war leider nicht Tagesschau- und Talkshowfähig und fand kaum in den Medien Beachtung.

Muslime und auch Medienwissenschaftler beklagen sich in diesem Zusammenhang weit weniger, wie fälschlich angenommen, über die schlechte oder in ihren Augen unzureichende Berichterstattung über Muslime und des Islam. Nein, sie kritisieren und ärgern sich darüber, was alles NICHT gesendet und NICHT gezeigt wird, was aber durchaus zeigenswert ist, der Aufklärung dient und sich auch im täglichen Quotenkampf behaupten kann. *Bad news are not good news, and good news are not a Quotenkiller*, könnte das – ich will es bewusst naiv nennen – Kredo für die Zukunft lauten.

Islam und die subjektive Wahrnehmung in der Öffentlichkeit

Oft beschleicht die Muslime zudem das ungute Gefühl, dass Negativbeispiele verstärkt werden, um so besser mit dem Zeigefinger auf sie zu zeigen (Sündenbockfunktion), wie das z.B. bei dem Thema Ehrenmord und Zwangsheirat zu sehen ist, indem man es als ein islamisches Phänomen darzustellen versucht, anstatt die Muslime als Partner im Kampf gegen diese kulturellen und völkischen Verirrungen zu gewinnen.

Tötet aber z.B. ein deutscher Vater seine ganze Familie und sich selber am Ende wegen Eifersucht oder aus Verzweiflung, z.B. den Arbeitsplatz zu verlieren, wird das in den Medien zurecht und sachlich Familiendrama genannt.

Seit Jahren werden türkische Imbisse niedergebrannt, Andersaussehende angepöbelt, Frauen mit Kopftuch geschlagen, Migranten-Kinder auf dem Schulweg von Nazis aufgelauert; die NPD instrumentalisiert Moscheebauvorhaben, um ihre Anti-Märsche wie in Köln und Berlin zu organisieren. Auch in Berlin gibt es längst No-go-Areas für Ausländer.

Das Bundesinnenministerium geht von knapp 1000 rechtsradikal motivierten Gewalttaten im Jahr 2007 aus, davon sind 355 sog. „fremdenfeindliche Gewalttaten". Die Dunkelziffer ist Experten zufolge fast doppelt so hoch. Insgesamt belaufen sich rechtsmotivierte Straftaten in den Jahren 2006 und 2007 auf 14.403. Umgerechnet heißt dies, dass fast täglich eine Nazi-Gewalttat gegen „Fremde" in Deutschland stattfindet und die Öffentlichkeit hat sich daran gewöhnt, ja sie hat sich sogar damit abgefunden. Seit Ludwigshafen habe es 17 Brände in Häusern gegeben, die von Türken bewohnt werden. Von diesen hat bisher einer davon nachweislich mit einem fremdenfeindlichen Motiv zu tun, etliche davon sind durch Brandsätze verursacht worden, deren Brandstifter festgenommen worden sind.

Die muslimische Community ist tief beunruhigt und in den Medien wird dies zu selten transportiert, weil es schlichtweg als Problem nicht wahrgenommen wird.

Doch dann wird im hessischen Wahlkampf Anfang 2008 Jugendkriminalität von vielen fast alleine im Zusammenhang mit Ausländern gesehen. Keiner behauptet, dass es sie nicht gäbe und kein ernstzunehmendes Problem wäre. Aber gerade darum gehören diese Themen ausgewogener diskutiert. Wie wichtig dies für die Medienberichterstattung wäre, zeigen doch die jüngsten Umfragen, deren Ergebnisse alle die Kluft und das Misstrauen gegenüber Muslimen beschreiben. Dies ist auch eine Folge dieser undifferenzierten Berichterstattung.

Überwiegend negativ konnotierte Themen mit Bezug zum Islam im öffentlich-rechtlichen Fernsehen

Das Islambild deutscher Medien ist seit mehr als einem Jahrzehnt Gegenstand zahlreicher wissenschaftlicher Untersuchungen. Der Islam hat sich dabei als eine Thematik erwiesen, über die erheblich negativer und konfliktorientierter berichtet wird als dies bei anderen Themen üblicherweise der Fall ist.

Da die meisten Deutschen häufig keinen direkten Kontakt zu Muslimen oder zur islamischen Welt, also vor allem zu den Staaten von Nordafrika bis nach Südostasien, pflegen, wird ihr Islambild nachhaltig von den Massenmedien geprägt. Die demoskopische Lage des letzten Jahrzehnts zeigt denn auch einen Trend auf, wonach ein Großteil der deutschen Bürger Angst vor dem Islam hat. In einer von Prof. Dr. Kai Hafez und Carola Richter, M.A., Kommunikationswissenschaftler der

Universität Erfurt, durchgeführten Studie zur Thematisierung des Islam bei ARD und ZDF wurde festgestellt, dass die Beiträge deutlich überwiegen, die Gewalt und Gesellschaftskonflikte mit Bezug zum Islam thematisieren.

Analysiert wurden Magazin- und Talksendungen sowie Dokumentationen und Reportagen im Zeitraum vom 1. Juli 2005 bis 31. Dezember 2006. In 133 Sendungen bzw. Einzelbeiträgen wurde ein Bezug zum Islam hergestellt. Nur knapp ein Fünftel davon beschäftigte sich mit neutralen oder auch positiven Anlässen. Im Ergebnis zeigt sich z.B., dass Terrorismus und Extremismus für deutsche Magazin- und Talk-Sendungen sowie Dokumentationen und Reportagen das attraktivste und bedeutsamste Thema in der Auseinandersetzung mit dem Islam ist. In den letzten anderthalb Jahren hat sich etwa ein Viertel der Islam-Beiträge (23,31 %) mit diesem Themenfeld beschäftigt.

In der Gesamtschau lässt sich zudem sagen, dass sich die Darstellung des Islams in den Magazin- und Talksendungen sowie Dokumentationen und Reportagen des deutschen öffentlich-rechtlichen Fernsehens zu über 80 % an einem Bild orientiert, in dem diese Religion als Gefahr und Problem in Politik und Gesellschaft in Erscheinung tritt. Das Islambild dieser Formate bei ARD und ZDF ist ein zugespitztes Gewalt- und Konfliktbild, das den Eindruck vermittelt, dass der Islam weniger eine Religion als vielmehr eine politische Ideologie und einen gesellschaftlichen Wertekodex darstellt, der mit den Moralvorstellungen des Westens kollidiert. Der Nachrichtenfaktor „Konflikt" dominiert ganz eindeutig, d.h. Themen werden begünstigt, die ein konflikthaftes, in weiten Teilen sogar ein offen gewaltsames Geschehen beinhalten.

Die Studie beinhaltet im Anschluss an die Analyse konkrete Empfehlungen an Fernsehsender und Verbände, um dem Programmauftrag im Hinblick auf eine angemessenere Präsentation des Islams gerecht zu werden. So wird z.B. vor einer übertriebenen Islamisierung der Medienagenda gewarnt. Statt die Entwicklung des Terrorismus in der Region, Gewalt gegen Frauen oder die Persistenz autoritärer Systeme einseitig an „dem Islam" mit seinen ohnehin mannigfachigen und widersprüchlichen Deutungen aufzuhängen, sollte sich ein an Aufklärung orientierter Journalismus bemühen, die komplexen Hintergründe zu verstehen, die diesen Problemen zu Grunde liegen.

Positives Beispiel SWR – Islamisches Wort

Muslime sollten zukünftig mehr in die Verantwortung genommen werden, gerade in einer zunehmend auch von Medien geprägten Gesellschaft.

Mit dem Islamischen Wort wollte der damalige SWR-Intendant Prof. Peter Voß „zum besseren Verständnis zwischen den Kulturen beitragen und zugleich den bei uns lebenden Muslimen ein Zeichen dafür geben, dass wir sie ernst nehmen". Wer etwas für die Integration der Zuwanderer tun will, der muss ihnen einiges abverlangen, ihnen Gestaltungsmöglichkeit geben, so können und müssen sie dann auch Verantwortung tragen, war die Losung.

Wer dem „Islamismus" entgegentreten wolle, müsse gerade deshalb die Zusammenarbeit mit den Vertretern eines demokratischen und toleranten Islam suchen. Das „Islamische Wort" solle sich zudem nicht nur an Muslime wenden, sondern auch Nicht-Muslimen authentische Informationen über deren Glauben liefern. Und weiter betonte der Intendant, laut Staatsvertrag sei der SWR nicht verpflichtet, Rubriken für muslimische Glaubenszeugnisse zur Verfügung zu stellen, zumal es bisher keine islamischen Körperschaften des öffentlichen Rechts gebe. „Wir wollen uns aber nicht auf eine rein juristische Position zurückziehen", so Voß weiter.

Gerade letzteres zeigt kluges Augenmaß und gleichzeitig Weitblick. Die Muslime aus der manchmal auch selbstgerechten Schmuddelecke herauszuholen bedeute nicht nur, ihnen Gestaltungsmöglichkeit zu geben, sondern manchmal auch, einen Ausweg aus der eigens zusammen gezimmerten Opferrolle „Die Medien sind an allem schuld" aufzuzeigen.

Seit April bietet nun der Südwestrundfunk auf der Homepage des Wortradios SWR cont.ra als erster öffentlich-rechtlicher Sender Glaubensbeiträge von Muslimen an. „Die vom SWR redaktionell betreuten Beiträge stehen selbstverständlich im Einklang mit unserer freiheitlich demokratischen Grundordnung," so der neue Intendant Peter Boudgoust, der sich mit der Akzeptanz des im Internet angebotenen Islamischen Wortes zufrieden zeigte: „Das Islamische Wort" ist ein wichtiger Schritt zu einer besseren gesellschaftlichen Integration der Muslime.

Der Karikaturenstreit

Die aktuelle Diskussion über Migration und über das Verhältnis des Westens zum Islam wird infolge des Karikaturenstreits verschärft geführt. Die Massenmedien spielen darin eine Schlüsselrolle. Sie filtern für die Meinungsbildung wichtige Informationen und beeinflussen so das Bewusstsein der Menschen. Einen Beitrag zur Analyse dieser Zusammenhänge leistet die ausgezeichnete Analyse von Christoph Butterwegge und Gudrun Hentges, Sammelband „Massenmedien, Migration und Integration".

Am 30. September 2005 veröffentlichte die dänische Tageszeitung Jyllands-Posten zwölf Mohammed-Karikaturen. In der anschließenden Debatte ging es nicht nur um die Grenzen der Pressefreiheit und die Schutzwürdigkeit religiöser Gefühle, sondern auch um die Möglichkeiten eines friedlichen Zusammenlebens von Menschen unterschiedlicher Hautfarbe, ethnischer Herkunft und Religion. Mit dem Aufmacher „Jetzt droht Kampf der Kulturen" (Rheinische Post am 4. Februar 2006) oder des Leitartikels im Kölner Stadtanzeiger „Das ist der Krieg der Kulturen" betitelten Medienschaffende dieses Szenario. Zur Erinnerung: Im Gefolge der Attentate auf das World Trade Center wollten viele in der westlichen Welt die Deutung der Weltpolitik als „Kampf der Kulturen" von Samuel P. Huntington erkennen.

Bei näherer Betrachtung zeigen die dänischen Karikaturen einen ähnlichen Geist, wie die damaligen Karikaturen über die Juden in den Anfängen des vergangenen Jahrhunderts: Der Jude war als geizig, geldgierig und verschlagen gezeichnet worden. Heute: Gleiches Spiel, andere Religion. Darüber hinaus zielen die Karikaturen auf die Diskriminierung und Diffamierung einer zu einer ganz bestimmten Religion gehörigen Gruppe ab.

Zugegeben: Wir alle haben den Protest in dieser Heftigkeit und Intensität in der islamischen Welt unterschätzt.

Arabische Länder verhängten Wareneinfuhrboykotte, Botschafter wurden einbestellt, ganze Bevölkerungsgruppen kauften plötzlich keine dänischen Produkte mehr ein. Die dänische Gesellschaft erlitt empfindliche Schläge – nicht etwa kultureller Art – sondern wirtschaftlicher Natur. Arbeitsplätze standen auf dem Spiel, jahrelange vertrauensvolle Arbeit von Unternehmen z.B. in Saudi Arabien sind über Nacht zunichte gemacht worden. Die dänische Wirtschaft bekniete daraufhin den Premierminister Rasmussen, der tags davor von der Errungenschaft der Trennung von Politik und Medien räsonierte, er solle sich doch entschuldigen. Dieses Bild hat sich wohl tief in den Köpfen der Europäer eingeprägt.

Doch beide Seiten hetzten und suchten weiter verbittert nach beweiskräftigem Material ihrer längst verinnerlichten These vom Kampf der Kulturen. Die Debatte wurde instrumentalisiert und viele Medienvertreter wähnen sich schon im „Feldzug für die Pressefreiheit".

Auf der anderen Seite sah die islamische Welt ihr monolithisches Bild eines blasphemischen und von Islamphobie durchtränkten Europa bestätigt und meinte nun ihrerseits, ein Exempel statuieren zu müssen.

Übrigens: Es ist selbstverständlich, dass Religion kritisiert werden kann, ja ihre Anhänger, wenn nötig, kritisiert werden müssen. Um die Abbildung oder Nichtabbildung des Propheten geht es dabei schon lange nicht mehr. Aber bedeutet das Recht auf freie Meinungsäußerung a priori Blasphemie und die Zementierung von Vorurteilen? Ist die Strategie der Provokation einziges Stilmittel, wie wir uns zukünftig den kritischen Dialog mit den Muslimen vorstellen?

Die Empörung, die die islamische Welt wegen dieser Ereignisse erfasste, wurde als Zeichen eines Kampfes gegen die Pressefreiheit umgedeutet. Wohlgemerkt: Empörung – auch ein Menschenrecht. Die Skandierung und Drohungen gewaltbereiter muslimischer Hooligans gehören natürlich entschieden von allen abgelehnt und verurteilt. Sie werden uns aber überproportional via Bildschirm serviert und schinden den Eindruck, als stünde ein Haufen meuternder Truppen vor den Toren Europas und wollte die Meinungsfreiheit abschaffen.

Presse- und Meinungsfreiheit und die Achtung vor der Religion: Ein Blick in das Grundgesetz zeigt, wie wunderbar beides harmonisch miteinander passen kann, sich nicht gegenseitig aufheben muss. Doch jetzt wurden sie als vermeintliche Gegensätze von selbsternannten Barrikadenkämpfern aufgebauscht. Die Ventile waren geöffnet – die Bogen gespannt – der Kampf konnte beginnen. Es gab auch schon Sieger: die Huntingtons auf beiden Seiten. Und wo blieben die Vernünftigen, die Besonnenen? Dieser Frage nachzugehen hätte den Medien auch gut gestanden.

Was will der Islam in Deutschland?
Integration und deutsche (Medien)Politik

Seit Jahrzehnten leben Muslime in großer Zahl in Deutschland; Einheimische, Konvertiten und Migranten. Historisch gesehen gibt es muslimische Gemeinden in Nordeuropa und Deutschland seit knapp 300 Jahren. In Deutschland haben sie dazu beigetragen, das Land nach dem 2. Weltkrieg wieder aufzubauen, heute zahlen sie ihre Steuern wie jeder andere. Und doch bleiben einige von ihnen Außenseiter, nicht integriert?! Fehlende Chancengleichheit, Rückzugstendenzen in Ghettos und enttäuschte Erwartungen tun ihr Übriges. Dass Muslime dabei leicht und gerne die Schuld für diese Situation allein bei den anderen suchen, ist genauso falsch wie die Haltung der Mehrheitsgesellschaft, die oft übersieht, dass gelungene Integration auch die Veränderungsbereitschaft der Mehrheit der Bürger voraussetzt.

In den 1960er-Jahren holte die deutsche Regierung Gastarbeiter ins Land. Volkswirtschaftlich hat sich dies gelohnt – für beide Seiten, denn auch der türkische Aufschwung und Aufbau ist zum Teil mit dem in Deutschland verdienten Geld passiert.

Was die Nachfolgegenerationen betrifft, so zeichnet sich ein ambivalentes Bild ab: Viele Türken, mehrheitlich Muslime, betrachten Deutschland mittlerweile als ihren Lebensmittelpunkt, als ihre Heimat; einige von ihnen sind bestens integriert. Die Mehrheit jedoch fühlt sich nicht als gleichwertige Bürger anerkannt oder zumindest nicht gleichbehandelt: Die Beispiele von Bewerbungen um einen Arbeitsplatz oder um eine Wohnung zeigen dies ebenso wie die ungleiche Behandlung von Muslimen in der Öffentlichkeit oder den Medien. Nicht selten sind anderes Aussehen oder der fremde Name Ausgangspunkt von Ungleichbehandlung. Dass die Integration nur sehr begrenzt funktioniert, kann man nicht zuletzt am Beispiel des Profisports ablesen: Obwohl die deutsche Fußballnationalmannschaft sicher einige deutsch-türkische Fußballtalente aus der zweiten und dritten Generation benötigen könnte, werden diese nicht rekrutiert. Die Fußballtalente verpflichten sich nach wie vor lieber bei der türkischen Mannschaft als für Deutschland zu spielen. Am gelungenen Miteinander gibt es offensichtlich noch viel zu arbeiten!

Auch die Frage des verfassungsrechtlichen Anspruchs auf islamischen Religionsunterricht, die seit fast 20 Jahren ungeklärt ist, spiegelt die aktuelle Situation. Politiker kündigen zwar in Sachen Integration immer wieder neue Schritte an, wenn es jedoch ans Eingemachte geht, ziehen sie häufig zurück: Zwar hören Muslime durchaus die von Politikern immer wieder ausgesandten hoffnungsvollen Signale, überzeugt werden möchten sie jedoch durch praktisch umgesetzte Programme! Überhaupt tut sich wie die Medien auch die deutsche Politik schwer mit der hierzulande gewachsenen muslimischen Struktur und den Verbänden der Muslime.

Die Moscheen in Deutschland, die in ihrer überwiegenden Zahl von vier Dachverbänden vertreten werden[1], tragen seit Jahrzehnten die Kosten ihrer sozialen und religiösen Betreuung selbst. Diese vier Verbände haben sich 2007 zum Koordinationsrat der Muslime in Deutschland zusammengeschlossen (KRM).

Zudem wird in der Öffentlichkeit immer deutlicher, dass der Zentralrat der Muslime in Deutschland mit den anderen Dachverbänden (DITIB, Islamrat und VIKZ) jenen Teil abdeckt, der sich zum praktizierenden Teil der Muslime zählt. Es gibt selbstverständlich auch noch einen großen unorganisierten Teil der Muslime. Entgegen einem weit verbreiteten Vorurteil haben die Verbände nie gesagt, dass sie auch für diesen Teil sprechen.

Der organisierte Teil – das Bundesministerium des Innern spricht von 15 %, manche seriöse Studien wie eine Studie der Ruhr-Universität Bochum, geht von bis zu 50 % aus – interessiert sich eben für die existentiellen Fragen. Als da sind: Wann findet endlich Religionsunterricht für die muslimischen Kinder in den Schulen statt, oder die Frage nach muslimischen Seelsorgern, nach Lehrstühlen für islamische Theologie, die Gestaltung der Ausbildung von Imamen in Deutschland oder und nicht zuletzt auch nach einem Sitz eines Muslims in den Fernsehgremien und Rundfunkräten dieses Landes.

---

1 Von den etwa 2.300 Moscheen sind fast 2.000 Moscheen in der Türkisch-Islamischen Union der Anstalt für Religion (DITIB), dem Verband Islamischer Kulturzentren (VIKZ), dem Islamrat der Bundesrepublik Deutschland (IR) und dem Zentralrat der Muslime in Deutschland (ZMD) organisiert.

Wenn ein politischer Wille für einen Schritt in Richtung Integration und Anerkennung der Muslime und ihre Vertretung, zugegeben ins Neuland, vorhanden ist, bin ich sicher, dass man all jene muslimischen Akteure, die auf dem Boden unserer deutschen Verfassung stehen und agieren, zur Lösung dieser brennenden Fragen an einen Tisch bekommt.

Wenn die deutsche Gesellschaft es mit der Integration von Muslimen ernst meint – und davon gehe ich fest aus – müssen nun konstruktive Vorschläge auf den Tisch, wie die Eingliederung der Muslime und ihre Repräsentation in Gesellschaft und Staat gelingen kann. Die erste Deutsche Islamkonferenz (DIK) im September 2006 war insofern ein guter Tag für die Muslime und deren Integration in Deutschland, schickt sich doch die Bundesregierung nun an, nicht mehr *über* die Muslime, sondern *mit* den Muslimen zu sprechen. Die DIK bietet – eigentlich eine Selbstverständlichkeit nach über 40 Jahren muslimischen Lebens in Deutschland – die Möglichkeit des Dialogs, aber bis dato eben doch nur „eigentlich". Folgerichtig begrüßte der Zentralrat der Muslime in Deutschland (ZDM) diese Initiative.

Aus der Sicht der Verbände sollte in Zukunft noch deutlicher gemacht werden, dass es für die muslimischen Religionsgemeinschaften dabei nicht darum geht, Sonderrechte zu erstreiten noch um Rechte, die weit über das Grundgesetz hinausgehen – selbstkritisch will ich sagen, dass dies vielleicht nicht in ausreichendem Maße gelungen ist. Uns geht es um die Integration des Islam in das deutsche Staatswesen und seine rechtliche und institutionelle Partizipation am gesellschaftlichen Prozess und seine Gleichstellung mit anderen Religionen, so wie dies unsere Verfassung auch vorsieht.

Muslime als normale Staatsbürger[1]

Dieter Oberndörfer

Die soziale und politische Integration der muslimischen Einwanderung wird zum Test für die Integrationskraft der demokratischen Verfassungsstaaten Europas. Dabei geht es nicht um die Integration des Islam per se, sondern um die Integration der Zuwanderer muslimischen Glaubens. Der demokratische Verfassungsstaat schützt als säkularer Staat die politischen und rechtlichen Voraussetzungen für die Freiheit religiösen Glaubens. Von dieser Aufgabe abgesehen muss er sich von der Einwirkung auf religiöse Glaubensinhalte zurückhalten. Erfolge bei der sozialen und politischen Integration der Einwanderer muslimischer Religion fördern den sozialen Frieden und werden damit ein

---

1   Zum Inhalt des Essays über die Integration der Muslime hat sich der Verfasser in zahlreichen Publikationen zur Einwanderung und zum Staatsverständnis geäußert.
    Er verweist hierzu auf Oberndörfer, Dieter: Der Wahn des Nationalen. Die Alternative der offenen Republik. Freiburg, Basel, Wien 1993, ²1994 (=Herder Spektrum 4279). [141 pp.]
    Oberndörfer, Dieter: Assimilation, Multikulturalismus oder kultureller Pluralismus – zum Gegensatz zwischen kollektiver Nationalkultur und der kulturellen Freiheit der Republik. In: Klaus J. Bade (ed.): Migration – Ethnizität – Konflikt: Systemfragen und Fallstudien. IMIS-Schriften Bd. 1, (Schriften des Instituts für Migrationsforschung und Interkulturelle Studien) Universitätsverlag Rasch, Osnabrück 1995, S. 127–147.
    Oberndörfer, Dieter: Die politische Gemeinschaft und ihre Kultur, zum Gegensatz zwischen kulturellem Pluralismus und Multikulturalismus, Aus Politik und Zeitgeschichte/Beilage zur Wochenzeitschrift ‚Das Parlament' (Hrsg.), 20. Dezember 1996, S. 37–46, abgedruckt in Veröffentlichungen des Bundeskanzleramtes.

Beitrag zur Überwindung geschichtlich überlieferter Islamfeindlichkeit in westlichen Gesellschaften.

Muslimische Zuwanderung

Wie kann die soziale und politische Integration muslimischer Einwanderer gefördert werden? Bevor auf dieses Thema eingegangen wird, gebe ich einen skizzenhaften Überblick über die muslimische Zuwanderung:

In Frankreich leben heute vier bis fünf Millionen Muslime, in Deutschland bis zu vier Millionen. Auch in Großbritannien, den Niederlanden, Belgien, der Schweiz und in Schweden haben sich bedeutende muslimische Minderheiten gebildet. Spanien, Italien und Griechenland wurden ebenfalls Zuwanderungsräume mit einer beträchtlichen und wachsenden Zahl von Muslimen. Ihre wichtigsten Ursprungsländer waren die Türkei, die Staaten des Nahen Ostens und Nordafrikas, der Iran, Pakistan und Indonesien. Die Migranten kamen also aus Ländern mit unterschiedlichen Sprachen, nationalen Überlieferungen und Prägungen durch divergierende und oft sogar stark konfligierende Interpretationen der religiösen Richtungen. Dies erschwert den Dialog mit und zwischen den Muslimen Europas.

Die Einwanderung nach Europa war primär eine Unterschichteneinwanderung für manuelle Tätigkeiten. Mit der Verknappung manueller Arbeit hat sich die Stimmung der einheimischen Bevölkerung gegenüber Einwanderern negativ eingefärbt. Sie wurden zunehmend als Konkurrenz um knappe Arbeit und Gefährdung des eigenen Wohlstands wahrgenommen. Betroffen von der sich nun verbreitenden Xenophobie waren in ganz besonderem Maße die muslimischen Einwanderer. Bei ihnen konnte sich die Konkurrenz um Arbeit ganz besonders mit geschichtlich gewachsenem ethno-kulturellem Konfliktpotential aufladen.

Das religiöse Engagement der Muslime Europas wurde dabei meistens überschätzt. So besuchen nur etwa 25–35 Prozent der Muslime Deutschlands regelmäßig die Moscheen. Kenntnisse der muslimischen Theologie und Überlieferung scheinen unter den meisten Muslimen gering zu sein. Sie unterscheiden sich damit allerdings nur graduell von der religiösen Ignoranz der Mehrheit ihrer Aufnahmegesellschaften. Die Zugehörigkeit zum Islam findet ihren Niederschlag primär in der Befolgung religiöser Riten und der Observanz hoher muslimischer Feiertage. Unter muslimischen Jugendlichen, vor allem unter Jugendlichen der dritten Generation, gibt es Beispiele einer vertieften religiösen Hinwendung zum Islam und auch zum Islamismus. Es ist abzuwarten, ob es sich hierbei um Einzelfälle oder um eine beginnende islamische Grundwelle handelt. Die Abschottung der muslimischen Einwanderer von der Alltagskultur ihrer Aufnahmegesellschaften wird jedenfalls mit der Übernahme der Landessprachen schwieriger werden.

Zukunftschancen

Entscheidend für die Einstellungen der jungen Muslime zu ihren Aufnahmegesellschaften werden die ihnen gebotenen ökonomischen und sozialen Zukunftschancen sein. Gelingt es nicht, sie zu verbessern, wird Humus für politische Radikalisierung aufbereitet. Für ihn können religiöse Etiketten bedeutsam werden und eine Eigendynamik entfalten. Den eigentlichen Brennstoff bildet dabei jedoch perspektivenlose kollektive ökonomische und soziale Marginalisierung.

In modernen Gesellschaften, in denen die Lebenschancen der meisten Menschen weit mehr als früher von ihrer Ausbildung abhängen, erhält damit die Leistungsfähigkeit des Bildungswesens eine Schlüsselbedeutung für die wirtschaftliche und soziale Zukunft der muslimischen Einwanderer.

Der Ausbruch aus wirtschaftlicher und sozialer Marginalität ist eine Voraussetzung für Integration. Das Schicksal der Juden in der neueren deutschen Geschichte zeigt jedoch, dass politische Integration durch sozioökonomischen Erfolg allein nicht gesichert wird. Trotz formaler staatsbürgerlicher, sozialer und kultureller Gleichberechtigung wurden jüdische Deutsche im Kaiserreich und in der Weimarer Republik von einflussreichen Akteuren und Segmenten der bürgerlichen Gesellschaft nicht als echte Deutsche anerkannt. Trotz ihres Patriotismus und ihrer bedeutenden Leistungen in Wirtschaft, Wissenschaft und Kultur blieb ihre politische Integration in die deutsche Gesellschaft ein Einwegunternehmen. Sie wurde nicht von breiter gesellschaftlicher Akzeptanz unterstützt.

Akzeptanz als normale Staatsbürger

Eine grundlegendere Bedeutung für eine stabile soziale und politische Integration der Muslime hat letztlich ihre Akzeptanz in den Aufnahmegesellschaften, dass sie in diesen nicht als Fremdkörper, sondern als normaler gleichberechtigter Teil der Gesellschaft wahrgenommen werden und sich auch selbst so sehen können.

Die geistige Voraussetzung für diese Akzeptanz ist ein republikanisches Staatsverständnis. Die Kultur des republikanischen Verfassungsstaates ist immanent pluralistisch. Sie ist offen für ursprünglich Fremde. In der Republik gibt es keine nationalen Religionen oder Kulturen, die für ihre Bürger vom Staat verbindlich gemacht werden dürfen. Jeder Versuch eine bestimmte Religion oder Konfession den Bürgern der Republik als nationale Pflicht oder Eigenschaft vorzuschreiben, wäre ein Anschlag auf den Geist und die Bestimmungen der Verfassung der Republik. Ihre Kultur kann immer nur der gesamte und in sich sehr vielfältige Güterkorb der kulturellen Werte aller Staatsbürger sein. Die Republik ist eine Staatsbürgernation. Ihre Kultur ist die Kultur ihrer Bürger. Mit der Zunahme der Zahl der Staatsbürger muslimischen Glaubens wird daher auch der Islam immer mehr zu einem Bestandteil der Kultur Europas. In der Republik sind Muslime „normale" Staatsbürger und gehören zum Staatsvolk.

Das Staatsverständnis der europäischen Nationalstaaten wurde jedoch in den westlichen Gesellschaften von der Vorstellung einer homogenen, für alle verbindlichen und von Verunreinigung durch fremde Elemente zu bewahrenden „nationalen" Kultur geprägt. Einwanderung wurde daher als Gefährdung nationaler Identität durch kulturelle „Überfremdung" wahrgenommen. Solange sich dieses Staatsverständnis in den Köpfen hält, bleiben Einwanderer aus bislang fremden Kulturen prinzipiell von der Nation ausgeschlossen.

Die Aneignung der Staatsbürgernation und ihres kulturellen Pluralismus ist die große politische Herausforderung für die sich in Zukunft durch Einwanderung noch weiter pluralisierenden Gesellschaften Europas. Sie sind die geistigen Voraussetzungen für die Überwindung der europäischen Nationalismen und die politische Einigung eines nach außen für Zuwanderer und Flüchtlinge offenen neuen Europas.

Die Aneignung des republikanischen Staatsverständnisses und die Akzeptanz kulturellen Pluralismus sind Postulate, die sich nicht nur an die Aufnahmegesellschaft, sondern ebenso an die Einwanderer selbst richten.

Gerade gegenüber muslimischen Einwanderern werden Zweifel an ihrer Fähigkeit geäußert, sich in den kulturellen Pluralismus der Republik zu integrieren. Kulturelle Toleranz wird zu einer quasi genetisch vorgegebenen spezifisch westlich-europäischen Tugend stilisiert, die im Islam keine Entfaltungschance hat. Als „Beweis" für diese Optik wird auf den terroristischen Islamismus verwiesen. Islam und islamistischer Fundamentalismus werden gleichgesetzt, obwohl letzterer im Islam Europas nur von Minderheiten propagiert wird. Die Beziehungen zu den Muslimen werden dadurch mit einer schwer tilgbaren Hypothek des Misstrauens belastet.

Kritiker des Islam, die die eigene europäische Kultur pauschal mit Humanität und Toleranz gleichsetzen und sie ebenfalls pauschal mit „der" angeblich kollektiven Intoleranz des Islam und anderer außereuropäischer Kulturen kontrastieren, offenbaren schlimme Gedächtnislücken für die Verbrechen in der Geschichte westlicher Staaten. All das, was an der Geschichte des Islams kritisiert wird, gibt es bis in die jüngste Neuzeit auch in der Geschichte des Westens, so z.B. mangelnde Toleranz, Unterordnung der Frau oder Propagierung „heiliger Kriege". Fanatischer politisch-religiöser Fundamentalismus hatten in ihr schlimme Eruptionen: Es sei hier nur an die europäischen Religionskriege und ihre blutigen Spuren in Nordirland oder in Srebrenica erinnert. Angesichts der Verbrechen des westlichen Imperialismus, zweier von Europa ausgehender fürchterlicher Weltkriege und des Holocausts müssen ignorante Verharmlosungen der Geschichte des Westens auf Muslime als Provokation wirken. Der republikanische Verfassungsstaat selbst war – auch dies wird meistens vergessen – nicht das genetisch vorgegebene Endergebnis der europäischen Geschichte und Kultur. Er musste vielmehr erst in langen Kämpfen gegen dominante Überlieferungen durchgesetzt werden. In Europa gelang dies erst nach dem Zweiten Weltkrieg. In Deutschland bedurfte es hierzu sogar der Hilfe der Alliierten.

Der republikanische Verfassungsstaat beruft sich auf die Würde des Menschen und die aus ihr abgeleiteten „Menschenrechte". Er ist unvereinbar mit borniertem Nationalismus. In dieser Perspektive wird die Bereitschaft zur Integration der muslimischen Einwanderung zum Nageltest für die politische Gestaltungskraft und Glaubwürdigkeit der republikanischen Verfassungstraditionen Europas.

Politische Integration

Der Rekurs auf die normativen Fundamente des republikanischen Verfassungsstaates vermittelt die notwendige Orientierung für die politische Integration muslimischer Einwanderer. Die Verwirklichung dieser Integration ist indes auf die Leistungen und das Geschick der praktischen Politik und Gesetzgebung angewiesen. Sie scheitert bei Verweigerung ökonomischer und politischer Chancen.

Auch muss für den Verfassungsstaat über die Medien und durch politische Bildung Verständnis geschaffen und geworben werden. Der Verfassungsstaat muss zudem wehrhaft sein. Er darf intolerantem Fundamentalismus aller Varianten – sei es dem christlichen oder islamistischen Fundamentalismus – keine Freiräume geben. Die ökonomische und soziale Integration der Einwanderung muss ein selbstverständlicher Aspekt subsidiärer Sozialpolitik werden.

Auf dem Hintergrund der Ängste vor „Überfremdung" wird die Integration von Einwanderern von vielen immer noch als ihr Unsichtbarwerden, – als „Assimilation" verstanden. Damit aber richten sich Erwartungen an die Einwanderer, die auch in klassischen Einwanderungsländern, wenn überhaupt, nur in längeren Zeiträumen erfüllt wurden. Die Übernahme der Sprache des Aufnahmelandes, die Angleichung sozial und kulturell geprägter Verhaltensweisen an die Mehrheitsgesellschaft und die allmähliche Vermischung sind in Einwanderergesellschaften meist ein mehrere Generationen dauernder komplexer Prozess. Zeitlich kurzfristige Perspektiven und Postulate für Integration im Sinne des Unsichtbarwerdens der Einwanderer in der einheimischen Gesellschaft verstärken negative Einstellungen zu Einwanderern und blockieren gerade auch bei den Einwanderern selbst ihre Identifikation mit ihren Aufnahmegesellschaften.

Das übergeordnete Ziel wünschenswerter politischer Integration im demokratischen Verfassungsstaat muss diese Identifikation mit der politischen Gemeinschaft, mit der Rechtsordnung, den politischen Institutionen und den politischen Werten der Verfassung sein. Solche

Integration bleibt immer ein ideales Ziel. Sie wird von allen immer nur in unterschiedlichen Graden der Annäherung erreicht, sie ist kein sicherer Besitzstand und muss immer neu verwirklicht werden.

Aber nur durch Gewährung kultureller Freiheit können sich die Zuwanderer in den demokratischen Verfassungsstaat integrieren und Patrioten werden. Auftretende kulturelle Konflikte, die es in allen Gesellschaften und gerade auch in scheinbar kulturell homogenen Gesellschaften immer wieder gegeben hat, müssen im Rahmen der Rechtsordnung des demokratischen Verfassungsstaates aufgearbeitet werden. Dies kann mit schweren politisch-kulturellen Konflikten verbunden sein. Der Erfolg sozialer und politischer Integration ist nichts Zwangsläufiges. Der demokratische Verfassungsstaat ist eine Leistungsgemeinschaft. Er wächst oder verkümmert, je nach den Erfolgen oder Misserfolgen der eigenen Konkretisierung.

Die Integration der muslimischen Einwanderer kann aber nur gelingen, dies soll nochmals unterstrichen werden, wenn ihnen kulturelle Freiheit gewährt wird. Integration ohne Akzeptanz kultureller Verschiedenartigkeit durch die Mehrheit ist nicht möglich. Wer von Einwanderern die pauschale Aufgabe ihrer kulturellen Überlieferungen verlangt und dies als Eingliederung, als Integration bezeichnet, verhindert Integration. Die Grenzen der kulturellen Freiheit sind für die Einwanderer die gleichen wie für alle Bürger. Sie werden durch die Verfassung, durch die Gesetze und die Rechtsprechung bestimmt.

Die Republik ist eine Leistungsgemeinschaft. Sie wächst mit den Erfolgen ihrer eigenen Verwirklichung. Sie verkümmert wenn sie ihre eigenen Normen missachtet und gegen sie verstößt. Der republikanische Verfassungsstaat ist nur ein annäherungsweise erfüllbares Programm. Wenn es in ihm gelingt, in freier Selbstbestimmung eine halbwegs friedliche Koexistenz und Kooperation von Menschen unterschiedlicher religiöser und weltanschaulicher Orientierung zu ermöglichen, ist fast schon das Beste erreicht, was man von der politischen Ordnung erhoffen kann.

Konflikte als Chance.
Der Moscheebau als Medium der Integration

Birgit Rommelspacher

Der Bau von repräsentativen, öffentlich sichtbaren Moscheen erhitzt vielerorts die Gemüter. Es bilden sich vielfach Bürgerinitiativen, um dagegen zu protestieren. In den Medien liefern sich Gegner und Befürworter heftige Debatten. Die Zukunft der gesamten Gesellschaft scheint dabei auf dem Spiel zu stehen. Offenbar werden mit dem Moscheebau Themen angesprochen, die zentral für das Selbstverständnis der Gesellschaft sind. Dabei geht es vor allem um Fragen der Einwanderung, um kulturelle Identität und um das, was diese Gesellschaft unter Integration versteht.

Integration bedeutet ein Prozess gegenseitiger Anerkennung. Dafür scheinen die Chancen gerade beim Moscheebau schlecht zu stehen, werden anhand dieses Konflikts in der Regel doch das ganze Spektrum antiislamischer Ressentiments hochgespült und diese vielfach noch durch rechtspopulistische Gruppierungen wie etwa die „PRO-Parteien"[1] kräftig geschürt. Insofern fragt sich, wie ist Verständigung unter solchen Bedingungen überhaupt möglich? Zunächst stellt sich

---

1 PRO-Parteien sind rechtspopulistische Gruppierungen, die sich nahezu ausschließlich dem Kampf gegen „den" Islam und insbesondere gegen den Moscheebau verschrieben haben. Bundesweit bekannt wurde PRO Köln. Inzwischen gibt es aber ähnliche Gruppierungen auch in anderen Städten sowie den Versuch sich zu einer Partei „PRO Deutschland" zu vereinen.

jedoch die Frage, warum entzünden sich diese Debatten gerade anhand der Auseinandersetzung um religiöse Symbole?

Religion als Konfliktfeld

„Früher war ich Gastarbeiterin, dann wurde ich zur Ausländerin und jetzt bin ich eine Muslima", so beschrieb eine Kollegin mir gegenüber den Wandel der Bilder, mit denen sie sich seit der Zeit, als sie in den 60er Jahren aus dem Iran zum Studium nach Deutschland gekommen war, in dieser Gesellschaft einzurichten hatte. Die Erfahrung, heute primär als Muslima angesprochen zu werden, teilt sie mit vielen anderen Menschen mit Migrationshintergrund. In der Forschung wird dies als „religious turn" bezeichnet, was im Übrigen auch in den anderen europäischen Ländern zu beobachten ist. D.h. Menschen werden nun primär nach ihrer vermeintlich religiösen Zugehörigkeit eingeteilt und dieselben Phänomene beziehungsweise Konflikte, die früher als politische, kulturelle oder soziale verstanden wurden, werden heute als religiöse interpretiert und dementsprechend auch mit ihnen umgegangen. Davon sind in erster Linie Muslime betroffen und diejenigen, die dafür gehalten werden.

Wobei religiöse Muslime selbst auch einen Teil zur „Islamisierung" der Diskurse beigetragen haben. So gibt es in den letzten Jahren bei den muslimischen EinwanderInnen eine wachsende Tendenz, sich nicht nur mit der Religion zu identifizieren, sondern dies auch öffentlich zu zeigen. Muslimische Frauen tragen vermehrt ein Kopftuch und die Moscheen rücken aus dem Hinterhof in die Öffentlichkeit. Es geht also sowohl um eine quantitative Zunahme, wie auch um gesellschaftliche Sichtbarkeit. Die Religion hat eine neue Bedeutung gewonnen: Sie ist von der „Gastarbeiterreligion", deren Merkmal die Hinterhofmoschee war, zu einer *Diaspora-Religion*" geworden. Denn heute orientiert sich die zweite und dritte Generation der EinwanderInnen nicht mehr, wie ihre Eltern primär an der Herkunftsgesellschaft, sondern vertreten offensiv ihren Anspruch auf Zugehörigkeit zu dieser Gesellschaft. Die Moscheen werden zum symbolischen Ausdruck der Niederlassung in dieser Gesellschaft. Sie sind also gerade nicht ein Rückzug, sondern im Gegenteil Ausdruck dafür, dass sich die EinwanderInnen als festen Bestandteil der Gesellschaft verstehen. „Wer Moscheen baut, möchte bleiben" so Ömer Alan (zit. in Häusler 2007, S. 191). Sie fordern das

Recht auf Anerkennung und öffentliche Präsenz. D.h. sie kämpfen um Gleichheit und um das Recht auf Differenz.

Für die Mehrheitsgesellschaft bedeutet das wiederum, dass sie sich mit der Tatsache der Einwanderung ernsthaft auseinandersetzen und klar machen muss, dass sich die EinwanderInnen nicht mehr, wie in der Gastarbeiterära, auf die unteren Ränge der Gesellschaft und in bestimmte Nischen am Rande der Gesellschaft ver„bannen" lassen. Das führt zu Konflikten um den Zugang zu den gesellschaftlichen Ressourcen wie auch um öffentliches Prestige und Ansehen. In diesen sogenannten *Rangordnungskonflikten* bekommt der Moscheebau gerade durch den Anspruch auf öffentliche Repräsentativität seinen exemplarischen Charakter.

Dass somit nun die Religion zum Konfliktfeld wird, hat unterschiedliche Konsequenzen. Für die Mehrheitsgesellschaft bedeutet es, dass sie mit den religiösen Vereinigungen nun konkrete Ansprechpartner hat. Man hat nun ein scheinbar klares Gegenüber vor sich, identifizierbare Autoritäten, mit denen man Konflikte aushandeln kann. Das diffus konstruierte Fremde wird handhabbar.

Für die Minderheiten ist dies jedoch problematisch, weil die Stellvertreterfunktion, die „der" Islam hier einzunehmen hat, nicht nur die Tatsache überspielt, dass keineswegs alle EinwanderInnen Muslime sind, sondern auch, dass die muslimischen sich keineswegs alle primär über ihre Religion definieren und mehr noch, dass viele andere Faktoren wie soziale Schicht, Geschlecht, ethnische oder regionale Herkunft für die Positionierung in dieser Gesellschaft oft von weit größerer Bedeutung als die Religion sind.

Zudem schwächt die „Islamisierung" der Einwanderungsfrage die Position der MigrantInnen in ganz besonderer Weise, da das Diffamierungspotential in Bezug auf „den" Islam derzeit angesichts der internationalen Debatte recht hoch ist. So ist es derzeit möglich „den" Islam in der öffentlichen Debatte ohne Umschweife mit Rückwärtsgewandtheit, Autoritarismus oder gar Terrorismus gleichzusetzen. Insofern ist diese Fokussierung auf die Religion für die Position der EinwanderInnen höchst problematisch.

Aber auch aus einer säkularen oder gar atheistischen Sicht ist dies bedenklich, ja geradezu widersinnig angesichts der großen Bedeutung, die gerade heute auf das Thema Säkularität gelegt wird. Allerdings basiert dieser Begriff oft auf dem Missverständnis, nämlich dass Säkularität der Rückzug des Religiösen in die Verborgenheit des Privaten bedeuten würde. Tatsächlich bedeutet sie die Neutralität des Staates gegenüber den Religionen, die er sogar, so will es die deutsche Verfassung, zu fördern hat. Säkularität in Deutschland hatte nie das Ziel, eine atheistische Kultur im öffentlichen Raum durchzusetzen. Die Neutralität des Staates bedeutet lediglich, dass er keine Religion bevorzugen oder zurücksetzen darf – so wie das etwa beim Modell der Staatskirche der Fall ist. Aber – und das ist für unseren Zusammenhang wiederum wichtig – diese Neutralität gilt aufgrund des spezifischen historischen Prozesses in Deutschland nur gegenüber den verschiedenen christlichen und der jüdischen Religionsgemeinschaft. Schließlich bedeutet Säkularität auch nicht, dass die Trennlinien zwischen privater und öffentlicher Religiosität ein für alle Mal festgelegt wären, sondern sie beschreibt einen Prozess permanenter Auseinandersetzung. Wie anhaltend umstritten diese Grenzlinien in Deutschland sind, zeigen Debatten wie die zum Kruzifixurteil, dem religiösen Bekenntnisunterricht an Schulen oder auch die Frage um die Aufnahme des Christentums als allgemeine Verpflichtung in der Präambel einer europäischen Verfassung.

Das heißt Säkularität hat in diesem Land einen primär christlichen Charakter und ist zugleich prozesshaft. Für unsere Thematik bedeutet das, dass von einer prinzipiellen Asymmetrie auszugehen ist, da der Islam in diesen Verhandlungen bisher nicht vorgesehen war und sich nun einen neuen Platz in der Auseinandersetzung erkämpfen muss. Zudem wird diese Diskussion überlagert von der grundsätzlichen Frage, wie sehr Religion in der Öffentlichkeit präsent sein darf und sollte.

Insofern ist die Annahme, es ginge bei den Auseinandersetzungen um den Moscheebau um Verhandlungen auf gleicher Augenhöhe, reines Wunschdenken. Aber gerade auch darin zeigt sich ihr exemplarischer Charakter, denn in den Diskussionen um Integration haben auch sonst die Vertreter der Mehrheitsgesellschaft gegenüber den EinwanderInnen ein sehr viel stärkeres Gewicht. Es ist also nicht von einer gleichberechtigten Auseinandersetzung auszugehen sondern vielmehr zu fragen, ob und wie innerhalb einer solchen Asymmetrie ein gegenseitiges Entgegenkommen überhaupt möglich ist.

Kontroversen um den Moscheebau

Der Moscheebau ist, wie repräsentative Untersuchungen zeigen (Wohlrab-Sahr, 2007, Seite 165), in der Mehrheits-Bevölkerung umstritten. Knapp die Hälfte ist gegen den Bau einer Moschee und etwa gleich viele stimmen ihm zu, allerdings mit der Einschränkung, was die Höhe der Minarette und den Ruf des Muezzin angeht. Lediglich 11–17 % stimmen einem Moscheebau uneingeschränkt zu. Dabei richten sich die stärksten Vorbehalte gegen den Ruf des Muezzins. Dieser scheint die Gefühle des Befremdens in besondere Weise zu evozieren. Dabei wird diese Fremdheit – wie Sammet formuliert – als eine Störung der Verankerung in der Lebenswelt empfunden (2007, 289). Das Eigene scheint als selbstverständlich Gegebenes und Vertrautes in Frage gestellt und damit die eigene Identität angegriffen zu werden.

Eine besondere Brisanz ergibt sich dann noch durch die Verknüpfung mit einem antiislamischen Diskurs, der „den" Islam als eine weltweit agierende Eroberungsideologie begreift und wo der Bau einer Moschee nur als ein weiterer Schritt in einer Landnahme gedeutet wird. Dabei wird argumentiert, wenn man jetzt nachgebe, die Muslime dann die gesamte Region übernähmen. So spricht die PRO NRW von „islamischen Landbesetzern", die endlich gestoppt und hinter das Mittelmeer zurückgeworfen werden müssten (vgl. Häusler 2008, 160f).

Dennoch gibt es eine Reihe durchaus gelungener Aushandlungsprozesse, wie das die Analyse von Jörg Hüttermann (2006) am Beispiel des Moscheebaus von Halle oder die im Band von Häusler (2008) aufgeführten Beispiele in verschiedenen anderen Städten zeigen. Die Autoren haben in ihren Analysen unterschiedliche Momente herausgearbeitet, die sowohl die Asymmetrie der Positionen deutlich machen, aber auch Chancen und Handlungsspielräume beleuchten.

Die *Asymmetrie* ergibt sich schon alleine durch einen Verhandlungsrahmen, in dem die deutsch-christlichen Verhandlungspartner alle Vorteile der Verhandlungssprache, der Verhandlungsgewohnheiten und des Prestiges auf ihrer Seite haben. Das kann sich z. B. in einem Verhandlungsstil ausdrücken, der wie ihn Hüttermann beschreibt, „zwischen Strenge und freundlicher Zuwendung, zwischen Laut und Leise oder zwischen Zorn und Wohlwillen zu changieren" (2007, 214) weiß. Demgegenüber müssen die Beiträge der Mitglieder des

Moscheevereins teilweise übersetzt werden. Die Übersetzung ist oft schlecht und vermittelt, wie in dem von Hüttermann analysierten Fall, den Eindruck von Inkompetenz und mangelnder Professionalität.

Aber die Asymmetrie zeigt sich auch darin, dass die Argumente der Mehrheitsgesellschaft ein stärkeres Gewicht haben. So ist eines der „schlagendsten" Argumente der Mehrheitsgesellschaft ihre *emotionale Betroffenheit*. Sie führen in erster Linie ihre Angst ins Feld, Angst vor Terrorismus und schleichender Islamisierung. Dagegen kommt die Gegenseite nur schwer an, denn jede Gegenbeteuerung kann als Tarnung desavouiert werden. Insofern kommt gerade im Argument der Angst nach Hüttermann in besonderer Weise die Machtasymmetrie zum Ausdruck, zeigt sich hier doch, dass von Seiten der Minderheiten so gut wie nie Befürchtungen und Ängste thematisiert werden. Emotionale Betroffenheit, so seine Analyse, scheint das Vorrecht der Mehrheitsgesellschaft zu sein.

Einen ähnlich absoluten Charakter haben ökonomische Argumente wie die, dass mit einem Moscheebau die Grundstückspreise in der Nachbarschaft fallen würden. Auch hier gilt, dass die Sorgen der Mehrheitsgesellschaft nicht hinterfragt werden dürfen, während die Sorgen der Minderheiten sekundär sind, beziehungsweise oft von vorneherein nicht einmal geäußert werden. Die Mehrheitsgesellschaft trägt mit großer Selbstverständlichkeit ihre Ansprüche vor, während die Minderheiten ihr Recht auf Ansprüche erst durchsetzen müssen.

So fragt sich auch grundsätzlich, warum ein solches Anliegen öffentlich verhandelt wird und das Einverständnis nicht nur der Aufsichtsbehörden, sondern auch der Nachbarn, Kirchengemeinden und politischen Parteien gesucht werden muss. Die Muslime müssen dabei für alle glaubwürdig machen können, dass sie sich integrieren wollen, dass sie friedfertig, integer und um das Gemeinwohl besorgt sind. Sie stehen auf dem Prüfstand und bei ihnen liegt das ganze Gewicht der Beweislast.

Angesichts dieses Ungleichgewichts fragt sich, wo gibt es *egalisierende Momente* in den Verhandlungsprozessen, die dieser Machtasymmetrie etwas entgegensetzen können.

Die *Macht des besseren Arguments* wird wohl nur begrenzten Einfluss haben. Es ist allerdings auch nicht völlig wirkungslos, wie ein Beispiel des von Hüttermann (2006) analysierten Prozesses zeigt. So wurde gleich zu Beginn der Auseinandersetzung in Halle von Seiten der deutschen Nachbarn das Argument der Parität in die Debatte geworfen: In der Türkei gäbe es ja auch keine christlichen Kirchen – warum also sollten man hier toleranter sein. Dies Argument wurde nicht weiter verfolgt, nachdem Mitglieder des Moscheevereins Bilder von christlichen Kirchen in der Türkei herumgezeigt hatten. Ein solcher Gegenbeweis muss jedoch nicht lange tragen, denn ein typisches Muster des Mehrheitsdiskurses ist es, die Mitglieder einer Minderheit für alles verantwortlich zu machen, was andere, die ihrer Gruppierung zugerechnet werden, irgendwo auf der Welt tun. So öffnet sich ein unendliches Feld möglicher Vorwürfe, die von den Einzelnen unmöglich alle zurückgewiesen werden können.

Insofern reicht die argumentative Ebene nicht aus. Erfolgversprechender ist hingegen die Orientierung an *Egalitäts-Normen* wie das Recht auf Religionsfreiheit und dem Gleichbehandlungsgrundsatz. Diese Dimension hat ein erhebliches Gewicht. Zum einen, weil die Autorität der *Rechtssprechung* dahinter steht und zum anderen, weil damit auch die Glaubwürdigkeit einer Gesellschaft auf dem Spiel steht, die sich selbst als liberal und demokratisch versteht. Man kann schlecht von anderen Gesetzestreue und demokratische Umgangsformen verlangen, wenn man sich selbst nicht daran hält.

Darüber hinaus ist die Orientierung an egalitären Normen für viele auch ein zentraler Teil des persönlichen Selbstverständnisses. Sie verstehen sich selbst als offen und tolerant. Das kann sowohl in einer säkularen Ethik der Reziprozität verankert sein, nämlich dem anderen nicht das zuzumuten, was man nicht selbst erdulden möchte – oder aber auch in einer Ethik, die sich auf die Nächstenliebe beruft, wie das etwa im Christentum der Fall ist. Das heißt nicht, dass diese Normen nicht sofort wieder unterlaufen werden könnten, auch sie sind keineswegs zwingend, lässt sich doch über ihre konkreten Anwendungsbedingungen trefflich streiten, so etwa mit dem Motto: Keine Toleranz für Intoleranz.

Ein weiteres produktives Moment im Verhandlungsprozess ist die Chance, sich gegenseitig *vertraut zu machen*, um die stereotypen Bilder über die anderen abzubauen. Das ist allerdings auch wiederum keineswegs selbstverständlich, denn in der persönlichen Begegnung lassen sich die Erfahrungen mit dem anderen immer auch so deuten, dass sie die eigenen Vorurteile bestätigen; insbesondere dann, wenn diese einem starken psychischen Bedürfnis entsprechen und dementsprechend auch emotional besetzt sind. Zudem bleibt immer noch der Weg, den konkreten Anderen zur Ausnahme zu erklären. Dennoch kann auch Offenheit entstehen, wie ein von Hüttermann (2006) aufgeführtes Beispiel zeigt, bei dem die VertreterInnen der alteingesessenen Bevölkerung überrascht waren, als sie hörten, dass die Vorstände der Moscheegemeinde in regelmäßigem Turnus gewählt werden. Ein solch demokratisches Verfahren hatten sie angesichts ihrer Bilder vom totalitären und fanatischen Islam hier nicht vermutet.

Zum *Abbau von Stereotypen* gehört nicht nur die Auflösung starrer Bilder, sondern auch die Irritation der Vorstellung, die Anderen seien Angehörige eines kompakten Kollektivs. Im Laufe eines Verhandlungsprozesses werden die Menschen zunehmend auch in ihrer Verschiedenheit wahrnehmbar, sei es in Bezug auf ihre menschliche Ausstrahlung, ihre politische Einstellung oder ihre soziale Lage. Es kann also die Erfahrung gemacht werden, dass Religion in dem Fall nur eine Variable ist, die ihr Leben beeinflusst und dass die Grenzen der Verständigung nicht notwendig zwischen „den" Muslimen und „den" Christen verlaufen müssen, sondern dass sie auch innerhalb der Gruppen verlaufen können. Man kann die Erfahrung machen, dass der „typische" Muslim bzw. die „typische" Muslima eher die Ausnahme ist und nicht die Regel.

Auch spielt die *Macht des Faktischen* eine gewisse Rolle: Die Muslime sind Teil der deutschen Gesellschaft: Sie sind vielfach Staatsbürger, sie sind – soweit ihnen das möglich ist – in den Arbeitsmarkt integriert, ihre Kinder gehen zur Schule, sie wohnen in deutschen Nachbarschaften und sind auch immer mehr in Medien und politischer Öffentlichkeit präsent. Sie sind – in der Sprache der Systemtheorie formuliert – in verschiedene Teilsysteme inkludiert. Je mehr das der Fall ist, desto mehr bedarf es gewichtiger Argumente, um sie aus den übrigen Teilbereichen auszuschließen.

Schließlich können sich in solchen Aushandlungsprozessen auch *gemeinsame Interessen* heraus kristallisieren, nämlich das Interesse durch gütliche Einigung miteinander friedlich zusammen zu leben und so Anomie und Radikalisierung in der Gesellschaft vorzubeugen.

All diese Faktoren garantieren keineswegs einen positiven Ausgang, ist jeder einzelne in sich doch prekär, so dass die asymmetrische Struktur allen egalisierenden Momenten zum Trotz sich immer durchsetzen kann. In welche Richtung sich das Pendel neigt, hat viel mit der Position und der Persönlichkeit der konkreten Akteure zu tun und wie sie sich einbringen und engagieren. Dazu kommen Faktoren wie die einer Verhandlungskultur, nämlich ob beide Seiten gewohnt sind, Gegenargumente auch anzuhören, sie zu bedenken und gegebenenfalls Kompromisse zu schließen. Oder ob die Kommunikationsmuster von einem Entweder-Oder-Denken geprägt ist, das glaubt mit jedem Entgegenkommen gleich die Wahrheit des eigene Prinzips aufgeben zu müssen.

Auch wirkt es sich positiv aus, dass in einem solchen Prozess, wie etwa die Analyse von Hüttermann beispielhaft zeigt, gewisse *Rituale der Begegnung* (2006, 86) eingehalten werden müssen, die einem ungehinderten Ausagieren von Macht und Vorurteilen entgegenstehen. Der offizielle Verhandlungsrahmen erfordert gewisse Höflichkeitsstandards und bedingt normalerweise eine Dynamik von Eskalation, Vermittlung und Beschwichtigung. Droht die Atmosphäre zu kippen, finden sich immer wieder Mittler und Fürsprecher der je anderen Seite, so dass zumindest die Form gewahrt bleibt. Die Beteiligten wollen in der Regel nicht, dass das Gespräch ganz aus dem Ruder läuft, zeigen sie sich doch dann selbst als inkompetente Gesprächsführer. Das gilt vor allem für die Beteiligten, die selbst in öffentlicher Verantwortung stehen, während solche Gruppierungen wie die „Pro-Parteien" gerade auf Skandalisierung und Eskalation setzen.

Schließlich kommt es auch darauf an, wie der Prozess in der Öffentlichkeit organisiert wird. So verliefen etwa die Verhandlungen in Duisburg-Marxloh und Oberhausen positiv, da beide Seiten sich langfristig engagiert und sehr viel Aufklärungsarbeit betrieben haben. Bei ihnen zeigt sich, wie Integration gelingen kann, da nicht nur der unmittelbare Zweck erfüllt wurde und die Moscheen gebaut, sondern auch neue Kommunikationsräume geschaffen wurden.

Wie wichtig solche Strukturen sind, zeigt sich nicht zuletzt daran, dass im Gegensatz zu diesen positiven Beispielen die ähnlich gelagerte Kopftuch-Debatte in Deutschland weitgehend gescheitert ist. Das Thema wurde zwar landauf, landab heftig diskutiert, aber in den seltensten Fällen mit den eigentlich Betroffenen, nämlich mit den muslimischen Frauen, die ein Kopftuch tragen. Diese Frauen hatten keine Lobby, keine VerhandlungsführerInnen und keinen vorstrukturierten Verhandlungsrahmen.

Insofern sind Vertretungsstrukturen, die zumindest ein Stück weit Repräsentativität beanspruchen können, sicherlich ein wichtiges Instrument für die Minderheiten, um sich in der Gesellschaft Gehör zu verschaffen. Aber auch hier bleiben asymmetrische Machtstrukturen bestimmend. Dies insbesondere auch angesichts der Tatsache, dass die deutsche Mehrheitsgesellschaft noch bis vor kurzem keinen Anlass für Aushandlungsprozesse sah, da sie davon ausging, dass sich Einwanderung allenfalls nach den von ihr gesetzten Bedingungen vollzieht. Erst langsam beginnt sie nun auch über deren Bedingungen zu verhandeln. Diese Bereitschaft verleiht nun den egalisierenden Momenten Nachdruck, die in den Verhandlungen einen gewissen Handlungsspielraum für ein gegenseitiges Entgegenkommen öffnen. Denn die Vorbehalte von Seiten der Mehrheitsgesellschaft werden nun in eine Kommunikationsstruktur eingebunden, die von gesetzlichen Vorgaben und normativen Ansprüchen gerahmt werden, bei der auch die Glaubwürdigkeit von grundlegenden Maximen dieser Gesellschaft auf dem Prüfstand stehen. Das kann eine Chance sein.

Literatur

Bielefeldt, Heiner (2003): Muslime im säkularen Rechtsstaat. Integrationschancen durch Religionsfreiheit. Bielefeld: transcript

Häusler, Alexander (Hg.) (2008): Rechtspopulismus als „Bürgerbewegung". Kampagnen gegen Islam und Moscheebau und kommunale Gegenstrategien. Wiesbaden: Verlag für Sozialwissenschaften

Ders. (2008): Antiislamischer Populismus als rechtes Wahlkampf-Ticket. In: Ders. S.o. S. 155–182

Hüttermann, Jörg (2006): Das Minarett. Zur politischen Kultur des Konflikts um islamische Symbole. München: Juventa

Ders. (2007): Konflikte um islamische Symbole in Deutschland. In: Wohlrab-Sahr, Monika & Tezcan, Levent (Hg.) s.u. S. 201–220

Sammet, Kornelia (2007): Religion oder Kultur? Positionierungen zum Islam in Gruppendiskussionen über Moscheebauten. In: Wohlrab-Sahr, Monika & Tezcan, Levent (Hg.) s.u. S. 179–200

Schiffauer, Werner (2008): Parallelgesellschaften. Wie viel Wertekonsens braucht unserer Gesellschaft? Für eine kluge Politik der Differenz. Bielefeld: transcript

Ders. (2007) Der unheimliche Muslim – Staatsbürgerschaft und zivilgesellschaftliche Ängste. In: Wohlrab-Sahr, Monika & Tezcan, Levent (Hg.) s.u. S. 111–134

Wohlrab-Sahr, Monika (2007): Die Sinnstruktur von Weltsichten und die Haltung gegenüber muslimischen Migranten. In: Wohlrab-Sahr, Monika & Tezcan, Levent (Hg.) s.u. S. 155–178

Wohlrab-Sahr, Monika & Tezcan, Levent (Hg.) (2007): Konfliktfeld Islam in Europa. Soziale Welt Sonderband 17. Baden-Baden: Nomos

Kochen für den Frieden.
Oder: Warum mir das Miteinander schmeckt

Irene Runge

Das Islambild? Wie will ich mir das vorstellen? Als den Versuch, diese ganze religiöse und kulturelle Welt des Islam, also auch die daraus resultierenden Lebensentwürfe von 1,4 Milliarden Muslimen beiderlei Geschlechts, allen Alters und psychologischer Prägungen, sozialer wie politischer Positionen, Bildungsstufen, Gewohnheiten, landestypischer Vorlieben und Weltsichten auf ein einziges Muster zu reduzieren? Hieße das Sunniten, Schiiten und andere Islamgetreue, die weniger Religiösen und die Gottesfürchtigen, Muslime und „Islamisten" mit einem Strich zu skizzieren? Davor warnen nicht nur Deutschlands Verfassungsschützer, die das enorme Potenzial längst erkannt haben und wissen lassen, dass hierzulande 99 Prozent der etwa 4 Millionen Muslime ziemlich unauffällig, soll heißen: so normal wie alle anderen leben. Das Interesse der Behörde gilt nur den restlichen 32 000, also einem Prozent, das religiös fundamentalistisch denkt, summierend auch als „Islamisten" bezeichnet, von denen aber wiederum nur wenige die Schriften des Islam nicht wegen ihres religiösen Gehalts, sondern als einen politischen Auftrag studieren. Rein rechnerisch geht es um eine extrem kleine, extrem radikalisierte Minderheit aus dieser Minderheit der Minderheit, wenn von Terror die Rede ist. Weit weniger als über diese wissen wir vom Leben in der großen Mehrheit. Unklar ist, wer bei den 4 Millionen mitgezählt wird. Auch wer den Glauben verlor und die Tradition bewahrt? Wer sich der Tradition verweigert, aber als Muslim erzogen wurde? So viele Menschen, viele

Fragen, und dann diese blendende Farbigkeit neben der dunkelsten Verhüllung. Kein Wunder, dass sich auch Erstaunen, Irritationen, Furcht, Vorsicht, Gleichgültigkeit, Bewunderung und Neugierde bunt mischen. Doch ein allgemeines Interesse am Islam wurde erst nach dessen terroristischem Missbrauch und überstürzt geweckt, mangels besseren Wissens war jedes Zerrbild willkommen. Ich für mich stelle fest, dass auch diese Weltreligion jedes sie vereinheitlichende Bild sprengen muss.

Muslime und Muslime

Zum Jahreswechsel 2009 teilten die Medien mit, die Zahl der rechtsextremen Taten sei um 30 Prozent gestiegen, überproportioniert hoch wären jene propagandistischen Inhalts. Zugelegt hätten auch Gewalttaten. Nicht erwähnt wurden anti-muslimische Übergriffe, also verbale und sonstige Attacken auf Anhänger des Islam, vor allem auf jene, die aufgrund ihres Äußeren als Muslime die anti-islamischen Klischees bedienen. Taucht das ähnlich den anti-israelischen und antijüdischen Entgleisungen palästinensischer und türkischer Jugendlicher in der Statistik auf? Inzwischen ist Muslim„bashing" aus Religionsfeindlichkeit und Fremdenhass eine politisch motivierte Straftat, aber von Indizien, Klägern und Anzuklagenden ist weniger bekannt als über innertürkische und zwischenarabische Rempeleien und Messerstechereien. Diese wiederum könnten ähnlich wie das jungdeutsche Rowdytum erfasst werden, doch die nichtdeutsche Nationalität verschärft als ein kultureller Begleitumstand – vor allem, wenn es die sozialen Bedingungen herausfordern –, durchaus die Lage, und ein säkular verschliffenes religiöses Zitat lässt sich mühelos dafür als Scheinargument nutzen. Für derart asoziales Verhalten sollte aber besser nach komplexeren Begründungen gesucht werden. Perspektivlosigkeit und die Suche nach Gruppensolidarität gehören zwingend dazu. Vor dem Missbrauch ist eben weder die integrative Gemeinschaft des Islam, noch das Christen- oder Judentum sicher. Wo aber rangiert der islamische Anti-Zionismus, der auch auf Berlins pro-palästinensischen Demonstrationen nicht selten anti-jüdisch auftritt? Merkwürdig scheint mir, dass im Zusammenhang mit Nahost kaum über Islam und Judentum gesprochen wird, wo doch dieser politische Konflikt längst religiös aufgeladen ist und die politisch extremistische Hamas den Zusatz „radikal islamisch" trägt.

Im Abendland tönen Glocken

Das christliche Weihnachtsfest gehört nicht in den Feiertagskalender von Juden und Muslimen. Mich hat dennoch überrascht, wie wenig die Nahost-Krise 2008 den üblichen Weihnachtstrubel erreichte. Mancherorts störten Straßenproteste die trügerische Ruhe, sie wurden palästinensisch oder arabisch, auch islamisch genannt. Diplomatisch und enttäuscht meldeten sich Politiker mit den Losungen der Stunde zu Wort: Waffenstillstand, humanitäre Hilfe, Friedensmission. Sarkastisch sagte es schon vor Jahren Israels altgedienter Diplomat Mordechai Levy: Im Orient ticken die Uhren anders. Mit Religion hat das wenig zu tun. Die unterschätzten, historisch klar verfestigten kulturellen Verschiedenheiten und Denksysteme haben ein Eigenleben.

Ein verpatzter Kochkurs

Letzten Sommer besuchte ich an einem frühen Freitagnachmittag das Berliner Büro der religionstreuen Islamischen Föderation. Väter, Großväter, auch Mütter und vor allem fröhliche Kinder drängten durch den kühlen Durchgang des Kreuzberger Gründerzeithauses vom hinteren Hof zur Straße hin. Für Schule und Kindergarten der Föderation begann das Wochenende, bis zum Freitagsgebet war Zeit, vom zweiten Hof roch es einladend nach Reis und Gebratenem. Hier wurde gestanden, geredet, gegessen, Frauen gaben dampfende Pappteller aus. Ich dachte, ihnen müsse unter der dichten Kopfbedeckung heiß sein, was nur mein, nicht aber ihr Problem war. Man gab auch mir ein Freitagessen. Das ist der Brauch, sagte ein Mitarbeiter, auch Alleinlebende und Ärmere sollen vor dem Gottesdienst in der Gemeinschaft essen. Burhan Kesici, der Geschäftsführer der Föderation und ich wollten an diesem Nachmittag über die weitere Zusammenarbeit unserer Organisationen nachdenken. Was lag näher, als ihm ein Kochprojekt vorzuschlagen? Man trifft sich, schwärmte ich, tauscht Rezepte, lernt die Sprache, geht gemeinsam einkaufen, das Küchenlatein wird durch türkische Worte, meine Kochfertigkeit um anatolische Spezialitäten erweitert. Der diplomierte Politikwissenschaftler konnte sich ein solches Kochen für jüdische und muslimische, auch andere Frauen vorstellen, nicht aber mit Männern. Praktisch fragte er, wo das vor sich gehen solle. Mein Jüdischer Kulturverein schied aus, die Finanznot hatte uns in ein Büro ohne Kochgelegenheit gezwungen. Eine koschere Küche irgendwo war undenkbar. Die Halacha, das religiöse Gesetz, unterstellt alle Zutaten, Töpfe, Messer und Köche einem Mashgiach. Dieser Fachmann kontrolliert, ob religionsrechtlich alles korrekt abläuft. Da ist der Islam großzügiger, und so fiel Burhan Kesici die Küche eines muslimischen Jugendzentrums ein. Genaueres wollten wir nach dem Fastenmonat Ramadan, im Anschluss auch an die jüdischen Hohen Feiertage klären. So schieden wir zufrieden voneinander. Ich warb im nächsten Monatsbrief des Jüdischen Kulturvereins für diese Idee, die niemanden zu interessieren schien. Das war zwar nicht anti-muslimisch, es ärgerte mich dennoch. Ob die Köchinnen der Föderation nach ihrem Interesse an uns gefragt worden sind, weiß ich nicht. Der Plan jedenfalls geriet schon vor Ramadan und den Hohen Feiertagen in Vergessenheit und er harrt der Wiederbelebung.

Vom Kochen mit Freunden

Seit Jahren treffe ich mich mit Freunden zum gemeinsamen Kochen. Wir diskutieren Zutaten, Vor- und Nachspeisen, fleischige und fischige Hauptgänge, aufwändige Salate, bunte Desserts, passende Brote, Couscous, Reis, Pasta, auch über Kartoffeln mit Dill. Schweinefleisch kommt nicht auf den Tisch, so sind unsere Kindheitsgewohnheiten. Auf dem Wochenmarkt sind meine Freunde im Vorteil, weil sie türkisch verhandeln. Ich spende hin und wieder einen Euro für den Moscheebau. Die Freunde wohnen in Kreuzberg. Weil ihre Küche klein ist, kochen wir bei mir in Berlins alter Mitte. Wir werden aber nicht nur auf dem türkischen Markt als verschieden wahrgenommen. Einmal Türke, immer Türke und dazu automatisch Moslem? Nix da mit Atheist, Kurde, Alevit, armenischer Christ aus Istanbul? Die Vorurteile bedürfen keines Beweises. Alle Deutschen sind groß, blond, schweigsam und Christen. Anders als jene „Türken", die längst Deutsche sind, habe ich zwei Staatsbürgerschaften. Anders als meine muslimisch erzogenen, inzwischen religionsfernen Freunde werde ich von religiösen Organisationen zum Fastenbrechen Ramadan eingeladen. Meine Freundin ist im katholischen Schwarzwald aufgewachsen. Sie kennt auch die Speisen der Region. Er liebt es italienisch. Dies, ihre seit Kindheit geläufigen türkischen und meine kulinarischen New Yorker Vorlieben verbinden sich vortrefflich. Metin Yilmaz, der Fotograf, dokumentiert unsere schmackhaften Resultate, und wir träumen manchmal von einem eigenen Kochbuch. Filiz trägt seit erster Ehe den schönen deutschen Namen Müller-Lenhartz und arbeitet als Sozialpädagogin in Kreuzbergs AWO-Begegnungszentrum. Hier gehen ältere Türken, Spanier, Griechen, Polen, Araber und Afrikaner ein und aus, hier wird im Stil aller alten Heimaten gekocht, hier bringen die Stammgäste hausgemachte süße Speisen und Kuchen zu allen Feierlichkeiten mit. Igor Chalmiev wiederum, der langjährige Integrationsbeauftragte des Jüdischen Kulturvereins Berlin (JKV), kam 1992 als jüdischer Sowjetflüchtling aus dem muslimischen Aserbaidschan nach Berlin. Er lernte Filiz im Sommer 2001 auf einer Multikulti-Tagung kennen. Mir hat das eine dauerhafte Freundschaft gestiftet, dem jüdischen Verein einen zuverlässigen Kooperationspartner. Den ersten Besuch im AWO-Zentrum planten sie damals für den Nachmittag des 12. September 2001. Igor wollte JKV-Vereinsmitglieder und Kuchen mitbringen, Filiz die Hausgäste informieren und türkischen Tee vorbereiten. Doch der Tag davor ist als 9/11, als ein Trauma im Gedächtnis der Welt verankert. Das war der Tag, an dem eine Handvoll hochprofessioneller Männer äußerst diszipliniert und mit brutalem Todesverständnis, sich und weitere Tausende Menschen als selbsternannte Märtyrer im Namen ihres islamischen Fundamentalismus, als „heilige Gotteskrieger", in die Luft von Manhattan sprengten. In Minuten war die Welt eine andere. Ohne Unterschied galt der Islam nun als Terrorreligion und existenzielle Bedrohung der Menschheit. Konnten da einige Juden am Tag danach im muslimischen Kreuzberg sein? Um es vorweg zu nehmen: Das Treffen fand statt. Die altgewordenen Gastarbeiter, diese Berliner Seniorinnen und Senioren aus der Türkei, Spanien oder Griechenland, die Frauen mit Kopftüchern, sie alle wollten wie ihre jüdischen Gäste gerade jetzt zueinander kommen. Später las ich in einer Zeitung, eine jüdische Gruppe wäre nach Kreuzberg gefahren, um Muslime zu treffen. Aber am 12. September ging es um keine Muslime, Griechisch-Orthodoxe, Katholiken, Protestanten oder Atheisten, nicht um Religion, Herkunft, Ethnos, Nationalität oder Bildung. Die Abscheu vor den Todesfliegern, deren nicht zu deutende Motive, der Missbrauch der Religion überdeckte alles. Noch heute denken die damals Beteiligten ein wenig verwundert an diese erste von vielen Begegnungen zurück.

Neue Zeiten, neue Worte

War das Kommende bereits geplant? Woher stammte die Idee, kopftuchtragende Frauen, also auch die alt gewordenen Berliner Arbeiterinnen, mit denen die jüdische „Delegation" aus Berlin-Mitte Tee getrunken und den Kuchen geteilt hatte, ins gesellschaftliche Abseits zu projizieren? Diese ideologische Aufrüstung der Ausgrenzung von muslimisch Gläubigen geschah im hellen Tageslicht, die feindselige Leidenschaft brauchte keine Verschwiegenheit der Nacht. Das Wort „Islamkritik" fixierte die neue Deutungshoheit, an der die Öffentlichkeit durchaus Anteil nahm. Der Zeitgeist popularisierte Begriffe wie Islam-Feindschaft oder Islamo-Phobie. Es hätte sich Mäßigung einstellen oder Protest regen können, aber zu Unrecht Angegriffene zogen sich zurück, es wurde viel geschwiegen, andere triumphierten. Vorübergehend blieben selbst Politiker aus Unkenntnis oder irrationaler Erklärungsnot stumm, doch die Medien agierten. In deren Windschatten wurden Gesetze gezimmert, mit denen das Gespenst 9/11 von jeder denkbaren Zukunft fern gehalten werden sollte. Das Wort Sicherheit blähte sich auf. Flankiert von endlosen Debatten wurde Deutschlands öffentlicher Dienst vom Dienst der Kopftuchträgerinnen befreit. Ein Neutralitätsgebot betraf aber nicht in gleicher Konsequenz jüdische und christliche Symbole. An das Wort Islam knüpften sich dumpfe Ängste. Jetzt galten Juden- und Christentum mehr und mehr als schon immer theologisch, historisch und kulturell aneinander gebunden. Der Islam war das Fremde. Ein bescheidener Trialog der abrahamitischen Religionen fand dennoch seine Fortsetzung, hatte es aber in dieser Zeit des Misstrauens nicht leicht. Auf fruchtbarem Boden blühte die alte Mär, dass das gesellschaftliche Oben und Unten weniger von Sozialem, Ökonomischem und Politischem, vielmehr durch Ethnos, Rasse, Konfession geprägt sei. Das ließ sich je nach Weltanschauung mystifizieren, psychologisieren oder als deutsch-nationale Errungenschaft verdichten. Die Stimmung blieb gereizt. Billigend nahm, wer anti-religiöse, anti-islamische und feministische Überzeugungen mengte, mit der Ausgrenzung von Kopftuchträgerinnen auch Eingriffe in deren religiöse Selbstbestimmung in Kauf. Dabei fiel auf, wie Korandeutungen von jenseits des Glaubens nachgereicht wurden. Bagatellisiert wurde die zunehmende Gewalt. Nicht nur verbale Übergriffe häuften sich. Plötzlich war in Berlin nicht mehr von über 200 000 Türken, sondern von mehr als 200 000 Muslimen die Rede, was die Furcht vor globaler Bedrohung aufheizte. Damals wäre ein Konzept wie das eines Euro-Islam nur als erzwungene Islamisierung Europas denkbar gewesen. Damals wurde noch nicht über die Europäisierung des Islam nachgedacht. Erst allmählich lösten sich Blockaden, wurde die Projektion aus Angst und kulturellem Misstrauen gegenüber der weithin unbekannten Religion und deren Anhängern schwächer, wenngleich diese nachhaltig gebrandmarkt waren. Schwerfällig wendete das ideologische Schlachtschiff und das Kopftuchverbot blieb. Worte wie

„muslimisch", „islamisch", „islamistisch" schienen weiterhin austauschbar. In Debatten mischten sich Begriffe wie „zivilisatorischer Bruch", „Zusammenprall der Zivilisationen" und „Unvergleichbarkeit von Abend- und Morgenland". Verdrängt bis zur Unkenntlichkeit war, wer wen über die Jahrhunderte ökonomisch ausgeblutet und dabei auch kulturell profitiert hatte. Selbst ein Krieg um den terrorisierten Frieden war akzeptabel. Manches erinnerte an eine Kreuzritter-Mentalität, an religiösen Eifer.

Üblichkeiten, die mir fremd sind

Die verschwommenen Bilder und Zerrbilder vom Islam können in Schwarz-weiß, Farbe, fotografisch, in Öl oder auf sperrigem Karton sein, ich habe sie nicht gespeichert. Mich beherrscht ein bildloses Durcheinander aus Halbwissen, Riten, Sitten, Gesten und Bräuchen, die nicht die meinen sind. Ich kann leidlich rekonstruieren, was ich über die fünf Säulen des Islam und von den Glaubensgrundsätzen aufgeschnappt oder bei muslimischen Feiertagen und beim Fastenbruch erlebt habe. Ich weiß nicht, was der Islam in Westafrika, Indonesien, in der Türkei und den Emiraten, in Palästina oder den post-sowjetischen muslimischen Republiken an gleichen und verschiedenen religiösen Praktiken, Deutungen und Lebensweisen anbietet, wie Historie, Landeskulturen und politische Realitäten dies variieren. In Fernseh- und Kinobildern habe ich gesehen, ohne nachvollziehen zu können, wie junge Muslime, „homegrown" genannt, im Westen heimisch scheinen und sich im todbringenden Islamismus beheimaten lassen. In einer Moschee wäre mein Platz überall in der Welt bei den Frauen, es sei denn, ein Reformislam hätte das verändert. Der streng religiöse muslimische Mann gäbe mir nicht die Hand, so ist es auch bei den orthodoxen Juden. Auf einer offenen Islamtagung hörte ich den faszinierenden Bericht einer jungen Frau aus Berlin. Die Tochter türkischer Gastarbeiter ist heute hier praktizierende Ärztin. Mir imponierte ihre beschwerliche Pilgerfahrt nach Mekka, die Tiefe ihres Glaubens, wie sie vom Gefühl der Gemeinschaft erzählte. Ich war dabei, als intellektuelle muslimische Frauen mit und ohne Kopftuch in Köln auch das für sie nicht ausgedeutete Prophetenwort in Sachen Frauenrechte zu entziffern suchten, ich erfuhr, wie die Regeln der Scharia verschieden auszulegen sind. Auf einem Chanukkafest des Jüdischen Kulturvereins wirbelten muslimische Männer im Reigen der frommen Chassiden, die auch nicht mit Frauen tanzen. Anders als die jüdischen Orthodoxen

(Küche und Köche hatten kein Koscher-Zertifikat), aßen die muslimischen mit Genuss vom vegetarischen Büffet, tranken aber wegen des islamischen Alkoholverbots Mineralwasser, als fromme Juden die Segenssprüche mit koscherem Wein besiegelten. Am Ende waren alle zufrieden, niemand missdeutete das historische Fest als jüdisch-muslimisch.

Wie sich Paare finden können

In einer Kreuzberger Hauptstraße gibt es ein türkisches Restaurant mit vorzüglicher Küche, das mich wegen seiner Gäste an Jerusalem erinnert. Hier wie dort sitzt der junge Mann der jungen Frau am Tisch gegenüber, ist ihr Haar bedeckt und die Kleidung hoch geschlossen. Er schaut etwas verschämt, sie sehen einander nicht in die Augen. Bei Tee oder Saft scheint man ernsthafte Dinge zu verhandeln. In Jerusalem, das erklärte mir ein orthodoxer Rabbiner, sieht so ein von langer Hand vorbereitetes Eheanbahnungstreffen aus. Warum? Weil streng religiöse Mädchen und Jungen keinerlei Umgang haben, also müssen Lehrer oder andere als *Schadschen* (Heiratsvermittler) die Hochzeiten stiften, indem sie füreinander geeignete Partner und Partnerinnen finden. Wie einst im ländlichen Deutschland sollen auch die Familien zueinander passen. Nach diesem Arrangement lernt man sich in der Öffentlichkeit eines Restaurants oder in der Lobby eines Hotels kennen, gern am Dienstag, dem Jom Tov, dem glücklichen Tag, an dem Gott bei der Erschaffung der Welt zweimal sein Werk gelobt hatte. Wenn beide wollen, folgt dem Eheversprechen bald die prächtige Hochzeit, und übers Jahr sollte das erste Kind geboren sein. Man darf annehmen, dass manchmal elterlicher Zwang den Vorgang beschleunigt. Die jüdische „Zwangsehe" ist Thema in manchem israelischen Film. Ohne für mich sichtbare Heiratsvermittler, ohne für mich sichtbar begleitende Verwandte, so trifft man sich offenbar im Kreuzberger Restaurant, wobei Anlass und Ziel dem in Jerusalem zu gleichen scheinen. Ein religiöser Mann wird mit seinem Vater bei der Familie der Frau um deren Hand anhalten, ihr Ja-Wort heißt Verlobung, danach kann die Hochzeit vorbereitet werden.

Im Kreuzberger Restaurant sind auf den Papierservietten Koransprüche zu lesen. Alkohol ist nicht nur tabu, davon wird deutlich abgeraten. Davon lese ich nichts in deutschen Zeitungen, die das Bild der Muslime mit der muslimischen „Zwangsehe" mischen, diese aber eher selten als einen kulturell erstarrten Missbrauch beschreiben. Geht die vermittelte Ehe gut, sagte mir eine überaus fromme Frau in Jerusalem, ist sie das Beste, was dir geschehen kann. Hast du falsch entschieden, steckst du in der Hölle. Du wirst mit deinen vielen Kindern kaum einen Ausweg finden. Aber Kinderlosigkeit ist auch ein Fluch. Von romantischer Liebe hatte sie keinen Begriff, eine Ehe dient dazu, die nächste Generation auf den gottgefälligen Weg zu führen. So will es die Tradition, dafür stehen die Riten. Diese Zugehörigkeit ist folgerichtig eine Ab- und Ausgrenzung. Wer damit ganz selbstverständlich lebt, zweifelt auch nicht. Wer zweifelnd dieses engmaschige Netz zerreißen will, braucht Verbündete, um nicht zu zerbrechen oder zerbrochen zu werden. Keine fundamentale Religion, keine starre Ideologie duldet den Zweifel an sich. Und darüber wird streng gewacht.

Fragen über Fragen

In Nord-London gibt es ein *Muslim Jewish Forum*, dem zwei orthodoxe Männer vorstehen: Ein Rabbiner und ein Imam. Sie teilen überlieferte Gewissheiten, die in ihrer säkularen Umwelt längst wertlos geworden sind. In welches Islambild würde das passen? Wie entstehen die Maßstäbe, Gefühle, Erwartungen, Enttäuschungen, Aversionen, Abneigungen für- und gegeneinander? Um wessen kulturelle Übereinkunft geht es, wenn fremder Alltag, fremde Bräuche und Lebensweisheiten nicht mehr oder noch nicht wieder akzeptiert werden können? Warum fügen sich Islambild und Feindschaft zu Hass, was unterscheidet die Angst der Fremden von der Fremdenangst? Die bedrückende Ungewissheit vor Nichtbekanntem lässt trennende Barrieren sinnvoll sein. Aber den Hass? Im Orient sagen sie, dass gute Zäune gute Nachbarn machen. Wie lässt sich politisch argumentieren, wie die verzerrten Islambilder in Stadien sozialer Allergien oder persönlicher Abneigungen unterteilen, wenn diese Irrationalität fremdenfeindlicher, rassistischer, nationalistischer Einstellungen weiterhin unaufgeklärt bleibt? Menschen sind anfällig für Stereotype, weil sie Zuordnungen erleichtern, spiegelbildliche Vertrautheit schaffen, für „normal", der eigenen Norm gemäß als normativ gelten, sich wie von selbst verstehen, *selbstverständlich* sind. Wann wird der aufklärenden Vernunft gefolgt und wann nicht? Beim Vergleich von Erscheinungsformen, Äußerungen, Bildern, Karikaturen oder Witzen über Islamfeindschaft und Antisemitismus dominieren Ähnlichkeiten. Auch die Islam-Darstellungen sind durch verfestigte Vor-Verurteilungen gezeichnet und die Judenfeindschaft ist bis heute trotz aller historischen Erfahrungen, trotz des massiven Anti-Antisemitismus nicht aus Köpfen und Herzen, nicht aus dem Alltag verschwunden. Da wäre es mehr als naiv zu meinen, die Islamfeindschaft ließe sich aufklärend wegargumentieren.

Verräterische Sprache

Das Unangenehme der Zeit überdeckt der Nebel der Vergangenheit, noch bevor diese zur Geschichte geronnen ist. Die Nachwelt schafft sich dafür gründliche, aber auch schlichtere Erklärungen und Sprachregelungen. Wer hat wohl im Verwaltungsdeutsch Begriffe wie *Mit-Migrationshintergrund* und dafür das Kürzel MMH oder NDH als *Nichtdeutsche-Herkunft* erfunden? Folgte diese Wortwahl der Irritation um eine sehr plötzlich als eigenständig wahrgenommene muslimische Bevölkerung? Oder war es die Sorge um die innere Sicherheit? Ging es um hier lebende Ausländer mit anderer denn bundesdeutscher Staatsangehörigkeit? Deutsche Nichtstaatsangehörige? Migranten mit deutschem Hintergrund? Inländer mit auswärtigen Geburtsorten vor allem dort, wo der Islam dominiert? Um bereits eingebürgerte Ein- und Zugewanderte? Dazu gehören dann auch rund 900 000 Muslime. Wo soll ich mich eingruppieren? Bin ich nichtdeutscher Herkunft? Privilegiert mich der Geburtsort New York? Macht er mich zur Migrantin oder zu MMH? Für meine zweite Herkunft DDR fehlen die Erfassungskriterien. Gleich welcher Generation und wie lange in Deutschland, ob hier geboren oder nicht, MMH und NDH grenzen aus, aber anderswo wieder ein. So wird das „Andere" definierbar. Was Wunder, wenn sich Misstrauen bestätigt, sich auch im Verbund mit der Perspektivlosigkeit Wut ansammelt. Fast vergessen ist der Mord am niederländischen Filmemacher Van Gogh, der manchen als islamfeindlich und anderen als islamkritisch galt, vergessen scheint auch die Erinnerung an dänische Mohammed-Karikaturen, die einigen Islamfundamentalisten als legitimer Grund für anti-westlichen Terror wurden. Gehört das zum extremistischen Islambild, zum extremen Islamismus oder ist das der radikalisierte Islam? Was uns bleibt, ist eine wortlose Unsicherheit, wie mit all dem zu leben sein wird. Als der Islam noch kein politisches Thema war, sondern religiöses und kulturelles Erbe im weitesten Sinne, durch Tausend-und-eine-Nacht verschönt, als anderer Leute Bräuche und Sitten fernab zu entdecken, beobachten, vergleichen und bestaunen waren, erforschten Völkerkundler, Religionswissenschaftler und Kulturanthropologen akribisch das ihnen ferne Fremde, und schrieben auf, was sie zu schlussfolgern hatten. Vom nachfragenden Ansatz und von der Methodenvielfalt ließe sich einiges lernen.

Der Rückblick für einen anderen Anfang

Wer miteinander kocht, schmeckt wechselseitige Sympathie und vergießt die Neugier aus vollen Krügen. Wo regionale Begrenztheit, Religionen, Muttersprachen und Vaterländer zueinander finden, sind Menschen gern zu Hause. Jüngst sahen meine Kochfreunde einen israelischen Dokumentarfilm über palästinensische, jüdische und armenische Köche. Die trafen sich irgendwo in Israel und begannen um des großen Friedens willen im Kleinen gemeinsam zu kochen. Kein Islam, Christen- und Judentum, kein Israel, kein Palästina – nur das Kochen und der Friede waren in diesem Moment wichtig. Der Weg zum Miteinander führte durch den Magen. Als dieser Film entstand, herrschte die Waffenruhe, als meine Freunde ihn sahen, wurde über Hamas-Raketen gesprochen, als ich davon hörte, hatte Israel bereits Vergeltung aus Selbstschutz angekündigt. Diese Militäroperration dauerte 23 Tage. Da klingt Kochen für den Frieden wie ein Traum. Wo sich eingeborene und neue Berlinerinnen und Berliner aus Istanbul, New York, Gaza, Stuttgart, Moskau, Erfurt oder Tel Aviv in Berliner Küchen treffen, ist dem hiesigen Frieden eine neue Lebensqualität sicher. Wenn stattdessen Moscheegegner zur Moscheeeröffnung in Pankow-Heinersdorf vor laufenden Kameras den Imam zur Rede stellen, weil muslimische Frauen nicht gemeinsam mit den Männern beten, steht es schlecht um die Friedenskultur. Würden solche Gäste einem Rabbiner einer orthodoxen Synagoge Gleiches abverlangen? Undenkbar auch, dass Muslime beim Kirchenbesuch den Priester zur Heirat und eigenen Kindern auffordern würden. Die Tugend, die solche Übergriffe verhindert, nennt sich Respekt vor dem Fremden. Daran mangelte es den deutschen Gästen der Moschee.

Lernen von den Kümmeltürken

Bevor wir gesamtdeutsch wurden, interviewte mich ein Westberliner Journalist für einen türkischen Sender über ostdeutsche Vorurteile gegen Türken. Ich kannte drei Türken aus einem Ostberliner Kaffeehaus. Sie studierten in Westberlin Mathematik und Politik und nebenher auch Marx, Mao und Lenin. Darüber diskutierten wir, über die Weltenlage, und ich lernte, warum historisch und chronologisch in Anatolien die Entwicklung stagniert, dass in den großen Städten der Türkei Armut herrscht und der dortige politische Zustand diktatorisch sei. Begeistert lasen wir Gedichte von Nazim Hikmet, in der Türkei verboten, der in die Sowjetunion floh und dort starb. Gebildete DDR-Stammgäste fragten, warum ich mit „Kümmeltürken" redete. Gäbe es nicht genügend deutsche Männer? Den ersten Döner und ein Buch über Berlins Geschichte der Einwanderung spendierte mir nach Mauerfall Barbara John, damals Ausländerbeauftragte des westlichen Teils der Stadt. Ich war an der Humboldt-Universität bei der Vorbereitung des ersten Ostberliner Vielvölkerfests beteiligt, sie half mit Rat und Tat. Einigen meiner Kollegen war unangenehm, dass auch Türken erwartet wurden. 1990 war ich mitverantwortlich für eine Befragung. Wir fanden heraus, wie unbeliebt Türken in der DDR waren, und dass Österreich die Beliebtheitsskala anführte. In der DDR gab es kaum Frauen und Männer aus der Türkei, einige wenige studierten hier dank der Beziehungen der herrschenden Partei der Arbeiterklasse zu den befreundeten- und Bruderparteien. Religion war damals kein Thema, der Islam rief weder Angst noch Aggression hervor. Über die verdeckte, später offene Ablehnung des erkennbar „Anderen" wurde noch kaum gesprochen. Ich recherchierte das 1988 mit Volkskunde-Studenten, daraus wurde ein Büchlein, „Fremdenhass DDR", es erschien 1989 im Parteiverlag Dietz. Mich hatte entsetzt, aber auch überrascht, wie weitverbreitet und tief verwurzelt die nationale Feindseligkeit war. Damals glaubte ich noch felsenfest, „bei uns" wären seit 1945 Rassismus und Fremdenhass weitgehend getilgt worden. Deshalb vermutete ich, der Sozialneid hätte derart schlechte Fantasien belebt. Doch zu viele der neuen Vorurteile schienen dem alten antisemitischen Repertoire und den anti-kommunistischen Hasstiraden der Nazis entlehnt. Der Fremdenhass gegen imaginierte Türken und reale Vertragsarbeiter aus Vietnam, Angola, Mozambique und Kuba war nicht neu und er war verfestigt. Es dauerte, bevor ich mich in diese so leicht erneuerbare Macht sich selbst genügender Einstellungen eingedacht hatte und begriff, dass die Objekte rassischer, ethnischer, nationaler, persönlicher und religiöser Angriffe austauschbar sind. Zu erwähnen wäre noch, dass sich manche Feindseligkeit harmlos versteckt. Als ich in der DDR-Zeit für eine irakische Delegation dolmetschte und am Abend das Übliche an Wurst- und Käseplatten, Brot und Tee aufgetischt wurde, gab es Ärger. Ich hatte den Irakern bestätigt, dass die Wurst aus Schweinefleisch und für Muslime nicht essbar war. Hotelleitung und mitreisender Chef rügten mich, aus ihrer Sicht hetzte ich die Gäste unnötig auf. Eine ähnliche Erfahrung machte ich 15 Jahre später im vereinigten Deutschland. Diesmal fragten mich muslimische Afrikaner nach der Wurst, und lang gediente westdeutsche Mitarbeiter einer politischen Stiftung verbaten sich meine Einmischung. Heute, 15 Jahre danach, gibt es wohl keine öffentliche Veranstaltung ohne vegetarische Kost und Hinweise auf die Natur jeden Fleisches. Selbst wenn niemand von Religion spricht: Hier wurde der kulturelle Umbruch nicht nur unauffällig vollzogen, sondern akzeptiert.

Und was wäre, wenn ...

Was wäre, wenn wir die schöne Kochidee als jüdisch-muslimisches Projekt, als interreligiös-ökumenische oder multikulturelle Begegnungsreihe oder internationales Frauenfest bei den zuständigen Stellen des Berliner Senats zur Förderung anmeldeten? Wenn wir darstellten, wie das dem Abbau von Vorurteilen dient, warum gemeinsames Kochen eine emotionale Kraft gegen irrationalen Rechtsextremismus ist? Die Verwaltung könnte sich den israelischen Film ansehen und meiner Argumentationskette über Zusammenhänge von Geschmacksverwirrung, Fremdenfeindlichkeit und Rassismus bis hin zu Kochrezepten folgen. Sie könnten darüber nachdenken, warum wir den irrationalen Hass kochend, essend und generationsübergreifend bekämpfen wollen. Vorgespräche über das jüdisch-islamische Schweinefleisch- und das muslimische Alkoholverbot würden sich anbieten, über die Kochlust christlicher und atheistischer Köche und die jugendliche Volksgesundheit. Am Ende wäre dann alles aufgegessen und ein an Geschichten und Rezepten reiches Kochbuch könnte nachgeschoben werden. Aber soviel an Vergnügen, Fremdem, anderer Lebensart und Würze passt vermutlich nicht in staatliche Förderrichtlinien, wo die Kategorie Genuss ein Fremdwort sein dürfte. Also kochen und essen wir wie bisher miteinander, brechen das Fasten zu Ramadan und am Jom Kippur und teilen Latkes zu Chanukka. Wir bleiben mono- und interkulturell, kommerziell, in heimischen Küchen, Vereinskombüsen, im Sommer in Parks und auf offenen Plätzen, mit und ohne religiöse Vorgaben. *The proof of the pudding lies in the eating*, sagen sie in England. Wir suchen die richtigen Rezepte fürs Miteinander, und an vielen Ecken brechen die Barrieren. Beispielsweise in Paderborn. Dort wurde, schrieb eine Zeitung, ein Emin Özel zum Schützenkönig 2008 – und zwar im größten aller deutschen Schützenvereine. Er wird im Festzelt kein Bier trinken, hat er gesagt, und er wird wohl auch der deftigen Küche entsagen. Alsbald beginnt im alten DDR-Kulturhaus der Eisenbahner Berlin-Karlshorst eine sechsjährige Ausbildung sunnitischer Imame. Die strenggläubigen Mitglieder des Trägervereins *Institut Buhara* sollen dem mystischen Sufismus verpflichtet sein. Das ist ein weiteres Bild vom Islam. Mehr ist an dieser Stelle nicht zu sagen.

Mir graut vor total verhüllten Frauen

Canan Topçu

Es gibt wohl kaum einen Journalisten, der nicht eitel ist. Ich will nicht verhehlen, dass meine Zusage, ein Kapitel zu einem Buch über das Islambild in Deutschland zu liefern, dieser Eigenschaft geschuldet ist. „Mache ich gerne", versicherte ich. Und das wollte ich auch wirklich und war mir sicher, dass ich es schaffen würde, bis zum Abgabetermin die gewünschte Anzahl an Seiten zu füllen. Schließlich schreibe ich als Journalistin immerzu Texte über Muslime und Islam im Allgemeinen und im Besonderen.

Der Abgabetermin für den Buchbeitrag rückte näher und näher. Ich hatte aber noch keine einzige Zeile geschrieben. Wie so oft hielt ich mich an den österreichischen Schriftsteller Peter Altenberg, der beim Verfassen von Auftragsarbeiten zu einer entscheidenden Erkenntnis gelangt war und dies in einem Satz auf den Punkt brachte: „Termindruck ist die beste Inspiration." Ich wiegte mich also in Sicherheit und wartete darauf, dass der Moment kommt, in dem die Gedanken darauf drängen, in Buchstaben umgewandelt zu werden. Dieser Moment kam aber nicht. Stattdessen bekam ich eine Email, mit der ich freundlichst an den Abgabetermin erinnert wurde. Was sollte ich nur schreiben?

Sollte ich mich – wie so oft als Journalistin – auf aktuelle oder zur Not auf nicht mehr ganz so neue Untersuchungen beziehen, meine Aussagen mit Prozentzahlen belegen und mit Sätzen untermauern, die namhafte Politiker oder andere Persönlichkeiten zum Thema Muslime und Islam in Deutschland von sich gegeben hatten?

Ich könnte Bundesinnenminister Wolfgang Schäuble mit dem Satz zitieren, dass die Muslime zu Deutschland gehören, oder Vertreter der muslimischen Verbände, die für das schlechte Islambild in Deutschland und weltweit immer wieder die negativen Medienberichte verantwortlich machen. Um dem ganzen Authentizität zu verleihen, würde es sich auch gut machen, in den Text eine „muslimische Stimme" einzubauen, einen O-Ton aus der Basis, von jemanden, der sich über das schlechte Image seines Glaubens beklagt und darunter leidet.

Analysen, Bestandsaufnahmen, Überblicke, Hintergründe, Reportagen, Interviews – in allen möglichen Textformen sind in diesem Land seit dem „11. September", dem Datum, das für die Wahrnehmung von Muslimen einen Wendepunkt bedeutet, in unzähliger Zahl veröffentlicht worden. Ich bin keine Verbandsvertreterin, Politikerin, Islamwissenschaftlerin, Theologin und auch keine praktizierende Muslima. Aus keiner dieser Perspektiven ist es mir möglich, Glaubwürdiges von mir zu geben. Sicher, das war auch nicht der Auftrag an mich, angefragt wurde ich als Journalistin mit türkischen Wurzeln, als Kulturmuslima, die für deutsche Medien arbeitet und sich von Berufs wegen mit Muslimen und mit der Debatte über den Islam in Deutschland befasst. Aus dieser Perspektive möge ich Einblicke geben, lautete die Bitte. Ein Leichtes, hatte ich gedacht und mich gründlich geirrt. Ich weiß nicht, was ich zu dem Thema beisteuern könnte, was andere – in diesem Buch und anderswo – noch nicht gesagt haben.

Es fällt mir schwer, ein Essay über das Islambild und die Frage, wie Islamfeindlichkeit überwunden werden kann, zu schreiben. Und deswegen beschäftigt mich mehr mein innerer Widerstand als das Thema an sich. Der Buchbeitrag muss heute fertig werden. Es gibt keinen Aufschub. Ich habe mich schon früh am Morgen an den Computer gesetzt, ein Word-Dokument mit dem Namen IKR-Muslime angelegt – IKR für Interkultureller Rat. Und erst einmal angefangen, hier und dort nachzulesen, später Nachrichten auf Deutschlandradio gehört und schließlich beschlossen, einen Spaziergang zu machen, frische Luft zu tanken. Wieder zuhause, habe ich einen Milchkaffee getrunken, sämtliche Blumen gegossen, gebügelt, aufgeräumt und bei all diesen Tätigkeiten versucht, meine Gedanken zu sortieren und dem Grund meiner Schreibblockade auf den Grund zu gehen.

Sie fragen sich vielleicht, warum ich so ins Detail gehe, warum ich nicht einfach den Grund nenne und Sie mit den Einzelheiten verschone. Glauben Sie mir, dass ist keine Masche und kein journalistischer Trick. Es ist eigentlich nicht meine Art. Das Problem mit den Schreibblockaden mache ich sonst mit mir alleine aus und helfe mir mit Schokolade. Das habe ich diesmal auch gemacht. Und just in dem Moment, in dem ich in den Riegel mit 80prozentigem Kakaogehalt beiße, da macht es Klick. Plötzlich weiß ich, warum ich nicht über das eigentliche Thema schreiben kann, was mich hemmt.

Es hat etwas damit zu tun, dass ich eher pessimistisch eingestellt bin und keine wirklich neuen Ideen einbringen kann, die zur Überwindung von Islamfeindlichkeit beitragen könnten. Außerdem glaube ich, dass ich mit meinen veröffentlichten Ansichten eher Freunde von der „falschen" Seite gewinne, als dass ich von der „richtigen" Seite so verstanden werde, wie ich verstanden werden möchte.

Probleme mit Kopftuchträgerinnen

Soll ich allen Ernstes darüber schreiben, dass ich eigentlich Probleme mit Kopftuchträgerinnen habe und dass ich den Widerstand gegen dieses Stück Stoff verstehen kann? Ich meine, dass auch gerade die hartnäckig geführte Debatte um das Kopftuchtragen nicht gerade zur Verständigung und Verständnis führt. Und schon gar nicht trägt es zu einem positiven Bild von Muslimen und Islam bei. „Nicht ohne mein Kopftuch" sagen die einen, „Nicht mit Kopftuch" rufen die anderen. Und dann wird geklagt und auf das Recht gepocht, sich so zu kleiden wie man es will. Dann wird eine Instanz nach der anderen angerufen und das Grundgesetz auf den Prüfstand gestellt und auf die darin verbürgte Religionsfreiheit hingewiesen.

Wenn ich es mir erlaube, meinem Bauchgefühl eine Stimme zu verleihen, höre ich mich sagen: „Ich habe in der Türkei muslimische Frauen kennen gelernt, tief religiöse Frauen, deren Spiritualität sich in den Gesichtsausdrücken widerspiegelt, Frauen, die Kopftücher tragen, die aber mal darauf verzichten, wenn der gesellschaftliche Rahmen es erfordert; ich erinnere mich an Hochzeiten und andere Feiern, auf denen Frauen, die sonst das Haar verhüllten, ohne Kopftuch erschienen."

Und wenn ich wieder vernünftig bin und meinem „gesunden Menschenverstand" folge, dann stelle ich einfach nur fest, dass mich die Diskussion um das Kopftuch total schwindelig macht; ich weiß nicht, wem ich Recht geben soll, wem ich glauben kann. Ich habe viele Expertisen zu der entsprechenden Sure im Koran gelesen, etliche Stellungnahmen zur Kenntnis genommen. Die einen meinen, dass der Koran die Verhüllung vorschreibt, die anderen nicht. Wie soll ich urteilen, was richtig und was falsch ist, was Recht und was Unrecht ist? Als liberaler Mensch darf man keine Bedenken gegen das Kopftuch haben, muss man es als Bestandteil der religiösen Praxis sehen und sich in Toleranz üben. Nun ist es aber so, dass die religiöse Praxis von Musliminnen nicht gerade zu der angestrebter Toleranz beiträgt. Schon beim Formulieren dieser Sätze höre ich schon Einwände von Sprechern islamischer Verbände.

„Was ist das für ein Religiössein?", frage ich mich, wenn ich Frauen begegne, die nicht auf das Kopftuch verzichten wollen, aber knallrote Satinkorsetts auf schwarzen T-Shirts tragen und davon sprechen, dass sie ihr Haar verhüllen, weil es im Koran so stehe. Oder wenn ich wie jüngst in Istanbul auf der Damentoilette eines Fast-Food-Lokals eine auffällig geschminkte und mit engen Jeans gekleidete junge Frau dabei beobachte, wie sie viel Zeit damit verbringt, das Stück Tuch formvollendet um ihren Kopf zu wickeln. „Das Kopftuch scheint hier so etwas wie Mode zu sein, oder?", frage ich die junge Frau und ernte missbilligende Blicke. „Nein", erklärt sie ziemlich energisch, „es ist religiöse Pflicht."

Ganz ehrlich, mich irritieren all die Frauen, die meinen, sich mit dem Stück Stoff um den Kopf als Muslime zu erkennen geben, die aber das Gebot, sexuell nicht aufreizend gekleidet zu sein, lediglich auf das Verstecken ihres Haar beschränken. Ich stelle fest, dass mir dieses Pochen auf das Kopftuch auf die Nerven geht und ich an die Musliminnen denke, die davon sprechen, dass sie auf das Kopftuch verzichten können, wenn es die Situation erfordert, dass „Ihr Gott" es ihnen verzeihe und es nicht als ihre Sünde verbucht, wenn sie ihr Haar offen tragen müssen. Diese Musliminnen sind mir die sympathischeren.

Ich will aber nicht versäumen anzumerken, dass ich das Tragen des Tuches nicht grundsätzlich ablehne. Es gibt durchaus Momente der Begegnungen mit verhüllten Frauen, die in mir das Gefühl entstehen lassen, dass mein Gegenüber das Haupt aus rein religiösen Gründen

verdeckt. Es mag vermessen klingen, aber ich will es trotzdem „sagen":
Ich meine zu erkennen: Die tiefe Religiosität und die Demut spiegelt
sich in ihren Gesichtszügen, ihrer Mimik und Gestik. So ist jedenfalls
meine Wahrnehmung. Vielleicht sollte ich Gedanken wie diese für
mich behalten, wie auch meine Empörung über Männer, die mir die
Hand nicht geben, weil es ihnen die Religion verbietet.

Was ist das für eine Religion? Einerseits wird einem immerzu erklärt,
dass der Islam für Frieden und Nächstenliebe stehe, andererseits für
Trennlinien zwischen den Geschlechtern sorgt ... ich finde das ungeheuerlich, mir bereitet es Schwierigkeiten, dies zu akzeptieren.

Lasst mich doch alle in Ruhe, denke ich immer dann, wenn ich in Glaubensfragen an meine Grenzen stoße. Vielleicht sollte ich darüber
schreiben, dass ich manchmal meinen Beruf an den Nagel hängen
möchte und mich nach einem Landleben sehne, weil ich mich überfordert fühle als Journalistin, die von Berufs wegen objektiv zu sein hat
und sein möchte und die sich bemüht, ihren Job gut zu machen, aber
selten es allen Recht machen kann ...

Der Anblick von total verhüllten Frauen

Immerzu muss ich aufpassen, nicht instrumentalisiert zu werden und
mich nicht angreifbar zu machen. Schreibe ich Positives über Muslime,
gibt es Reaktionen von den Islamkritikern, die mir vorwerfen, dass es
mir an der nötigen Distanz fehle; kritisiere ich Muslime und muslimische Verbände, gibt es Kritik von dieser Seite. Mit welchen Konsequenzen habe ich zu rechnen, wenn ich jetzt unverblümt feststelle,
dass es mir graut, wenn mir in Frankfurt am Main – wie immer öfter
der Fall – eine total verhüllte Frau entgegen kommt? Darf ich offen
aussprechen, dass es mir unheimlich zumute wird und dass ich denke,
„oh, Gott, hoffentlich vermehren sich die Raben nicht"? Als „Raben",
sollte ich ergänzen, bezeichnen Kritiker in der Türkei die mit schwarzem
Stoff ganzkörperverhüllten Frauen. Und was passiert, wenn ich von
dem Gefühl der Aggression schreibe, die hochkommt bei dem Anblick
von Frauen mit verschleiertem Gesicht? Dass ich mich aufrege darüber,
wenn sie sich so auf die Straße begeben und den Weg nur finden, weil
das Stück Stoff einen schmalen Schlitz hat? Ob sich diese Frau freiwillig
verschleiert oder dazu gezwungen wird – vom Ehemann, Vater, Sohn,
Bruder oder welchem männlichen Familienmitglied auch immer? Diese

Frage geht mir natürlich auch durch den Kopf und ich stelle fest, dass mich die Vorstellung, die Frau könnte sich freiwillig verhüllt haben, genau so aufregt wie die, dass es männlicher Dominanz verschuldet ist. Ich bringe Verschleierung einfach nicht mit meiner Vorstellung vom Menschsein in Einklang. Und ich möchte den Menschen ins Gesicht sehen können, ich möchte an ihrer Mimik die Reaktionen auf die Kommunikation mit mir ablesen können. Ich will keinen verschleierten Frauen gegenüberstehen – nirgendwo auf dem Globus und schon gar nicht hier in meinem Land, denn Deutschland ist auch mein Land.

Ein ungutes Gefühl

Und darf ich schreiben, dass ich die Forderung nach muslimischen Gebetsräumen in Schulen und Universitäten nicht nachvollziehen kann? Dass ich den Verdacht und Gedanken nicht loswerde, dass es nicht wirklich um den Glauben geht, sondern um Recht bekommen und Macht und darum, ob und welche Gruppen ihre Interessen durchsetzen können ...

Was kommt dabei raus, wenn ich mal all das Political-Correct-Sein-Müssen und all das bedächtige Abwägen beiseite schiebe? Betrachte ich die Diskussionen um Muslime in dieser Gesellschaft aus der Perspektive einer „Oma in Bornheim", wie wir in der Redaktion sagen, wenn es darum geht, sich in die Lage eines Menschen zu versetzen, der mit dem jeweiligen Sachverhalt nicht vertraut ist, dann verstehe ich all die, die im Zusammenhang mit Islam und Muslimen ein ungutes Gefühl haben. Manchmal unterscheide ich mich nicht von der Oma in Bornheim, vor allem dann nicht, wenn ich mir Nachrichten und Meldungen aus islamischen Ländern vergegenwärtige. Und noch während ich das schreibe, höre ich wieder einmal eine Stimme aus dem Hintergrund, die mich mit Protest darüber aufklärt, dass das doch alles nichts mit dem wirklichen Islam zu tun habe und über diese Religion immer nur Schlechtes berichtet werde.

Ich will mein Metier nicht in Schutz nehmen, zweifelsohne gibt es viele Berichte, die undifferenziert und platt sind, die schlecht recherchiert und alles andere als vorurteilsfrei sind. Trotzdem will ich die Frage stellen: Vereinfacht es nicht die Sachlage, wenn für die Probleme mit Muslimen und das negative Islambild die Medien verantwortlich gemacht werden? Würde die Situation eine bessere werden, wenn Zeitungen, Radio und Fernsehen die Themen rund um Islam und Muslime aussparten. Ob das Zusammenleben wohl besser funktionieren und die Einstellung zu Muslimen sich zum Besseren wenden würde, wenn Redaktionen allein „good news" auswählten. Ich glaube es nicht so recht.

Der Islam ist eine friedfertige Religion, sie zeichnet sich durch Werte wie Nächstenliebe und Güte aus – mit Sätzen wie diesen wird man über den „wahren Kern" dieser Religion aufgeklärt. Und das zweifele ich in keiner Weise an. Und trotzdem werde ich den Verdacht nicht los, dass es in diesem Land nicht darum geht, dass Muslime ungestört und unbehelligt ihrem Glauben nachgehen können. Die Vehemenz, mit der die Debatte geführt wird, erweckt den Eindruck, dass es vor allem um Macht geht.

Mit Gedanken wie diesen katapultiere ich mich doch auf die Seite derer, die dem Islam gegenüber feindlich eingestellt sind ... dabei bin ich dieser Religion, die mich geprägt hat, weil ich von gläubigen Eltern erzogen worden bin, wohlgesonnen. Und während ich diesen Gedanken formuliere, schießt ein anderer durch meinen Kopf: Bei all den Diskussionen um Muslime und Islam kommt meiner Ansicht nach gerade das zu kurz, worum es doch gehen muss, nämlich um Spiritualität. Wenn ich Koranrezitationen höre, komme ich zur Ruhe; ich spüre in diesen Momenten die Allmacht Gottes. Wen aber interessiert es, dass ich in diesem Land viel zu wenig spüre von der Spiritualität der Muslime, gerade bei denen nicht, die eisern um die Rechte der Muslime kämpfen? Wer will schon wissen, dass ich mir wünsche, dass dieser Kampf um Macht und Recht endlich ein Ende haben möge und dass sich die Menschen mit und in ihrem Glauben begegnen mögen; dass sich das Bild über Muslime ändern möge, dass sie ihren Glauben praktizieren mögen, ohne dass sie als Gefahr angesehen werden?

Ich denke, dass die Vertreter der Mehrheitsgesellschaft noch nicht so weit sind, den Islam als Bestandteil dieser Gesellschaft zu sehen. Auch wenn Bundesinnenminister Schäuble und weiß der Himmel wer noch ausdrücklich darauf hinweisen. Gewiss ist es ein wichtiges Signal, wenn von höchster Stimme dies verkündet wird; bis diese Botschaft in den Köpfen der Menschen ankommt, bis dies nicht nur rational, sondern sich emotional verfestigt, braucht es noch Zeit. Ich hoffe, dass ich Menschen begegne, die mir dabei helfen, mich von meinen Vorurteilen zu verabschieden. So wie ich auch anderen wünsche, dass sie Menschen begegnen mögen, die ihnen dabei helfen, sich von verkrusteten Vorstellungen über den Islam zu verabschieden. Für unabdingbar halte ich aber auch, dass sich Muslime ernsthaft Gedanken machen darüber, ob jedes Wort im Koran à lettre genommen werden muss und ob es nicht Zeit für einen zeitgemäßen Glauben ist? Müsste nicht eine innerislamische Debatte in Gang gebracht werden über die Frage, ob die Ganzkörperverhüllung von Frauen wirklich mit Islam und Menschenwürde und Menschenrecht vereinbar ist?

Wissen um die eigene Religion

Es sind Fragen wie diese, die es mir schwer machen, darüber zu schreiben, wie sich die Einstellung gegenüber Muslimen in diesem Land ändern könnte. Ich bin überzeugt, dass das Sich-Kennenlernen der wichtigste Schritt dazu ist. Unverzichtbar ist in diesem Zusammenhang das Wissen um die eigene Religion und die des anderen. Es bedarf der Wissensvermittlung und der Aufklärung, damit Menschen, die sich als Muslime bezeichnen, nichts als dummes Zeug über den Islam von sich geben und auf diese Weise zum schlechten Image dieser Religion beitragen.

Mehr als diesen einen Ratschlag und Vorschlag habe ich eigentlich nicht einzubringen.

Vielfalt willkommen heißen

Nicola Towfigh

So einfach es klingt, so schwer ist die Umsetzung im Alltag: Die Menschheitsfamilie bildet eine Einheit in Vielfalt. Doch wie gelingt es, diese Vielfalt nicht als Bedrohung zu empfinden, sondern sie willkommen zu heißen? Wie gelingt es, einander nicht als Fremde zu betrachten, sondern als Mitglieder der *einen* menschlichen Gemeinschaft?

Um etwas an bestehenden Islambildern zu verändern und Zusammenleben zu gestalten, sind gezielte, breit angelegte Anstrengungen erforderlich – sind Islambilder doch tief in Einstellungen und Sichtweisen verwurzelt und äußern sich in Verhaltensweisen und Umgangsformen. Im Folgenden werden einige Felder beleuchtet, die es zu bearbeiten gilt, um zu neuen Formen des Miteinanders zu finden.

Einheit in der Vielfalt

Das Streben nach Einheit überragt jedes andere Ziel, denn sie bildet die Grundlage für ein friedliches Miteinander, für blühende Gesellschaften, Glück und Fortschritt der Menschen.

An die Menschheit gewandt sagte Bahá'u'lláh, der Stifter der Bahá'í-Religion: *„Ihr seid die Früchte eines Baumes und die Blätter eines Zweiges. Verkehrt miteinander in inniger Liebe und Eintracht, in*

Freundschaft und Verbundenheit ... So machtvoll ist das Licht der Einheit, dass es die ganze Erde erleuchten kann." [1]

Menschen verschiedener Religionszugehörigkeit, Ethnien, geographischer Herkunft, sozialen Stands, Bildungsgrads, Alters, Geschlechts usw. müssen lernen, respektvoll miteinander umzugehen, aufeinander Rücksicht zu nehmen und harmonisch zusammenzuleben. Vielfalt hat einen besonderen Reiz. Ein Garten voller roter Rosen ist wunderschön anzusehen, doch wie viel schöner ist ein Garten voller Blumen unterschiedlicher Formen, Farben und Duftnoten.

Ein Gott – eine Religion

Unterschiede zwischen den Religionen rühren aus der historischen Mission der Religionen her: Die Anpassung der religiösen Lehre an den menschlichen Entwicklungsstand und an die Bedürfnisse der jeweiligen Zeit führt dazu, dass vor allem die historisch wandelbaren Gesetze sich in den einzelnen Religionen unterscheiden. Dagegen sind die ewigen Wahrheiten der Religionen dieselben, z.B. Tugenden wie Nächstenliebe, Vertrauenswürdigkeit, Wahrhaftigkeit, Demut, Geduld, Gottvertrauen und Gerechtigkeit. Denn der Urgrund allen Seins, mag er nun Gott, Jahwe oder Allah genannt werden, lässt den Menschen im Lauf der Geschichte durch seine Boten immer wieder Orientierung und Erziehung zukommen.

Lenkt man sein Augenmerk ausschließlich auf die Unterschiede zwischen den Religionen, so entstehen Verständnislosigkeit und Hass. Wird dagegen der gemeinsame Ursprung aller Geschöpfe und Religionen in Gott betont, so finden Menschen zueinander, auch wenn sie unterschiedlichen Glaubensrichtungen angehören. Bahá'u'lláh beschreibt diesen Sachverhalt mit einem Bild, das er als Antwort auf Fragen eines islamischen Mystikers anführt:

„Du weißt, dass alle Mannigfaltigkeit, die der Wanderer auf seiner Fahrt in der Erscheinungswelt sieht, allein in ihm selbst liegt ... So erscheint die Farbe des Lichtes verschieden, je nachdem, wo es hin-

---
1 Bahá'u'lláh, Ährenlese, Eine Auswahl aus den Schriften Bahá'u'lláhs, zusammengestellt und ins Englische übertragen von Shoghi Effendi, Hofheim 1980 132:3.

fällt: zum Beispiel erscheinen die Strahlen durch ein gelbes Lampenglas gelb, durch ein weißes weiß, durch ein rotes rot. Die Mannigfaltigkeit kommt nicht durch das Licht, sondern durch den Ort, auf den es trifft ... So kannst du den Unterschied in den Dingen verstehen. Wenn der Wanderer nur auf den Ort der Erscheinung achtet, wenn er gleichsam die verschiedenfarbigen Gläser anschaut, dann sieht er gelb, rot oder weiß. Durch eine solche Art der Betrachtung ist die Menschheit ins Streiten geraten, und die Welt wurde von trübendem Staub umzogen, den menschliche Enge empor geweht hat ..."[2]

Der Islam – ein differenziertes Bild entwickeln

„Den" Islam gibt es ebenso wenig wie „das" Judentum oder „das" Christentum. Um den Islam besser zu verstehen, kann man sich ihm auf unterschiedlichen Wegen nähern: Durch das Lesen im Koran und in den Überlieferungen, durch ein Studium seiner Geschichte und Kontextualisierung zur Zeit seines Entstehens, durch den Dialog mit Muslimen, durch ein Kennenlernen der Lebenswirklichkeit in islamischen Ländern sowie in muslimischen Gemeinden in der Diaspora, also auch in Deutschland, und durch Aussagen islamischer Vordenker. Natürlich wird man im Rahmen dieser Betrachtung auch einen Blick auf den islamischen Fundamentalismus und die Ideologisierung des Islam – mithin auf die Diskrepanz zur ursprünglichen islamischen Lehre – werfen wollen, ohne dabei den Fehler zu machen, diese Phänomene mit „dem" Islam gleichzusetzen, bzw. die im Koran angelegte Friedfertigkeit und Toleranz oder den positiv gelebten Islam darüber zu vergessen.

Ein differenziertes Bild des Islam zu entwickeln ist keine leichte Aufgabe, beruhen unsere Islambilder doch zum Teil auf jahrhundertealtem, im Abendland tradiertem Ballast. Hier spielten nicht nur existenzielle Ängste vor den „Türken vor Wien" eine Rolle, sondern auch die konkurrierenden Wahrheits- und Absolutheitsansprüche, die so manchen Autor der christlichen Welt nicht vor einer bewusst verzerrten, diffamierenden Darstellung des Islam zurückschrecken ließen.

Am Rande sei angemerkt: Den Islam zu erforschen sind wir uns selbst, unserer eigenen Aufrichtigkeit und unserer Allgemeinbildung schul-

---

2   Bahá'u'lláh, Sieben Täler – Vier Täler, Hofheim 1983, S. 39–41.

dig, es handelt sich nicht um einen Gefallen, den wir den Muslimen erweisen.

„Mit eigenen Augen schauen, nicht mit denen anderer"

Vorurteile stören das gesellschaftliche Miteinander empfindlich, sie schaffen Ausgrenzung und Feindbilder. Vorurteile entstehen, wenn man blindlings Sichtweisen anderer übernimmt – sei es aus persönlichen Gesprächen oder Medienberichten – und diese dann auf Personen oder Personengruppen projiziert. Es ist verblüffend, wie unkritisch manche Sichtweisen übernommen werden, obwohl kritisches Denken in unserer Gesellschaft als hoher Wert gilt und in Bildungseinrichtungen vermittelt wird. Die eigene Urteilfähigkeit wird oft nicht in ausreichendem Maße herangezogen, weder in der Mehrheitsgesellschaft, noch innerhalb von Minderheiten. Leichtfertig übernommene Vorurteile und Pauschalisierungen führen zu einer Wahrnehmung, die die Realität verkennt. Vorurteile beeinflussen jedoch nicht nur unsere Wahrnehmung, sondern zugleich die Haltung gegenüber anderen Menschen oder gesellschaftlichen Gruppen, was wiederum im eigenen Handeln und damit in der gesellschaftlichen Wirklichkeit negativen Niederschlag findet. Der beste Weg, Vorurteile zu überwinden, sind direkte Begegnung und Verzicht auf üble Nachrede.

Interreligiöses Miteinander

Die Aufforderung Bahá'u'lláhs, mit den Anhängern aller Religionen im Geiste des Wohlwollens und der Brüderlichkeit zu verkehren, weist weit über den institutionalisierten interreligiösen Dialog hinaus. Der interreligiöse Dialog spielt zwar eine entscheidende Rolle im Hinblick auf gegenseitiges Verstehen und bessere Verständigung, insbesondere dann, wenn auch gemeinsames Handeln – z.B. in sozialen Projekten – daraus erwächst. Aber es muss um mehr gehen, nämlich um ein selbstverständliches Miteinander und Zusammenleben im Alltag – ohne Abschottung und Ghettoisierung. Nur so wird es gelingen, dass sich Menschen aus verschiedenen Kulturen und mit unterschiedlichen religiösen Überzeugungen kennen und schätzen lernen und sich mit den jeweiligen Eigenarten vertraut machen – nicht zuletzt auch als Anstoß, eigene festgefahrene Sichtweisen zu überdenken und Verhaltensweisen zu ändern.

Demut – eine vergessene Tugend

Demut, eine in allen Religionen hochgehaltene Tugend, scheint nicht mehr zeitgemäß, sondern wird häufig mit Demütigung oder Unterwürfigkeit verwechselt. Dabei ist in Vergessenheit geraten, dass Demut keine Schwäche, sondern eine Stärke ist, die es gegenüber Gott und den Mitmenschen zu entwickeln gilt. Eine demütige Haltung verhilft dazu, das Gegenüber als gleichwertig zu erkennen, sich auf Augenhöhe zu begegnen und jeglichen Überlegenheitsdünkel abzulegen.

Demut und eine differenzierte Sicht werden auch dazu führen, dass sich allmählich Sprache, Ausdrucksweise und Begrifflichkeiten ändern, die wir in Bezug auf den Islam oder die Muslime verwenden.

Demut bedeutet natürlich nicht, Intoleranz und Ungerechtigkeit hinzunehmen. Zu einer Begegnung auf Augenhöhe gehört, dass sie auf Gegenseitigkeit beruht: man nimmt sein Gegenüber ernst, mutet ihm aber auch den eigenen Standpunkt zu und vertritt ihn gegen Widerstände; selbstredend auch dann, wenn man auf Fundamentalismus stößt. Dies gebietet der Wille zu Fortschritt und Veränderung.

Beratung als Werkzeug der Veränderung

Ein wichtiges Werkzeug gesellschaftlicher Entwicklung, Konfliktlösung und Entscheidungsfindung ist die Beratung: ein freier und offener Austausch von Gedanken, Ideen und Argumenten, der schließlich zu Beschlüssen und im nächsten Schritt zu gemeinsamem Handeln führt. Die Zielsetzung dabei ist nicht, auf die eigene Meinung zu pochen und Partikularinteressen durchzusetzen, sondern das Wohl des Einzelnen und der Gemeinschaft im Blick zu haben. In diese Prozesse sollten möglichst viele Menschen eingebunden sein, die damit zu Akteuren der Zivilgesellschaft werden.

Bahá'í und Islam

Das Bahá'ítum, eine eigenständige Offenbarungsreligion mit weltweiter Verbreitung, wurde im 19. Jahrhundert im Iran gestiftet. Das Bahá'í-Schrifttum bezeugt den göttlichen Ursprung aller Offenbarungsreligionen, einschließlich des Islam. Muhammad wird als Bote Gottes gepriesen, der Islam als Kultur stiftende Kraft und *„gesegnete und strahlende Religion Gottes"* beschrieben. Der Koran wird als Wort Gottes verehrt und als Buch bezeichnet, *„das Wahrheit von Falschheit mit solcher Gerechtigkeit schied, dass sich das Dunkel der Erde in Licht verwandelte"*[3]. Die Bahá'í sind dazu angehalten, den Koran ehrfürchtig und in einem von vorgefassten Meinungen geläuterten Bewusstsein zu studieren.[4]

Zu einem vorbehaltlosen Studium des Islam gehört auch, ein fundiertes Wissen über seine Geschichte und Grundsätze zu erwerben und zwischen der ursprünglichen Lehre und späteren Entwicklungen zu unterscheiden, denn *„Alles Erhabene, so unvergleichlich es sein mag, kann zu bösen Zwecken missbraucht werden."*[5] Ein offenes Licht in der Hand eines Kindes oder eines Blinden kann den Träger des Lichtes und ein ganzes Haus in Brand stecken, ohne dass das Licht daran die Schuld trüge. Entgegen dem Erscheinungsbild, das sich gelegentlich bietet, ist der Islam in seinem Ursprung eine Religion der Toleranz und Verständigung. Doch engstirnige Fanatiker haben der Toleranz den Rücken gekehrt und wesentlich zu einem negativen Islambild im Westen beigetragen.

Religiöser Fanatismus war auch der Grund dafür, dass Bahá'u'lláh in seinem Geburtsland, dem Iran, und auf den Stationen seiner 40-jährigen Verbannung im Osmanischen Reich einer unablässigen Anfeindung und Verfolgung seitens der islamischen Geistlichkeit ausgesetzt war und abertausende Bahá'í ihre Überzeugung mit dem Leben bezahlen mussten. Auch wenn die Anhänger der Bahá'í-Religion in einigen islamischen Ländern, allen voran im Iran, diskriminiert und verfolgt werden, und sie im Iran bis heute aufgrund ihrer Religionszugehörigkeit von Gefängnis und Todesstrafe bedroht sind, folgen sie der Lehre, Hass nicht mit Hass zu vergelten, sondern sich für den Fortschritt ihres Landes einzusetzen und ihren Unterdrückern *„mit liebevoller Freundlichkeit, Geduld und Nachsicht"*[6] zu begegnen. Gleichzeitig ergreifen sie im Land selbst und weltweit alle legalen Mittel, damit ihnen Gerechtigkeit widerfährt und ihre Bürger- und Menschen-

---
3   Bahá'u'lláh, Brief an den Sohn des Wolfes, Frankfurt 1966, S. 80.
4   Shoghi Effendi, Das Kommen göttlicher Gerechtigkeit, Frankfurt 1969, S. 79.
5   'Abdu'l-Bahá, Das Geheimnis göttlicher Kultur, Oberkalbach 1973, S. 68.
6   Aus einem Brief des Universalen Hauses der Gerechtigkeit an die Gläubigen im Iran vom 9. Februar 2009.

rechte geachtet werden. Besonders erfreulich ist, dass zunehmend auch Muslime ihre Stimme zum Schutz der Bahá'í erheben.

Die Bahá'í sind in ihrem Schrifttum dazu aufgerufen, insbesondere im Westen Missverständnisse im Hinblick auf den Islam auszuräumen und die Rolle und Bedeutung des Islam in der Geschichte der Zivilisation hervorzuheben.[7] 'Abdu'l-Bahá, Ausleger der Schrift und Oberhaupt der Gemeinde nach dem Hinscheiden Bahá'u'lláhs, widmete sich dieser Aufgabe insbesondere während seiner Reisen 1911-1913 nach Europa und Amerika, als er nicht müde wurde, seinen Zuhörer in Kirchen und Synagogen die Bedeutung des Islam vor Augen zu führen und zu Frieden und Verständigung mit den Muslimen aufzurufen. In einer seiner Ansprachen sagte er 1911 in Paris: *„Bahá'u'lláh verwandte sein Leben, um diese Lehre der Liebe und Einigkeit zu geben. So lasst uns denn alle Vorurteile und alle Unduldsamkeit hinwegtun und mit Herz und Seele danach streben, Verständnis und Einigkeit zwischen Christen und Muslimen zu bewirken."*[8] Dass die ausgestreckte Hand von sehr vielen Muslimen ergriffen wurde, zeigten die gegenseitige Wertschätzung, die guten Beziehungen und nicht zuletzt das Begräbnis 'Abdu'l-Bahás im Jahre 1921 in Haifa, bei dem Tausende von Muslimen zugegen waren und einige islamische Würdenträger ihm in Trauerreden Tribut zollten.

Doch zurück in die Gegenwart: In Deutschland pflegen Bahá'í den Dialog mit Muslimen ebenso wie mit den Anhängern anderer Religionen, sei es am Runden Tisch der Religionen in Deutschland, in interreligiösen Arbeitskreisen und Vereinen, beim Tag der Religionen, beim Tag der offenen Moschee oder bei Kirchentagen.

Darüber hinaus tragen sie zum guten Zusammenleben in der Nachbarschaft mit Christen, Muslimen, Anhängern weiterer Religionen und Menschen ohne religiösem Bekenntnis bei, indem sie das Gespräch über geistige Themen suchen und persönliche Freundschaften pflegen. Sie bieten Andachten und Gesprächsforen für Erwachsene an, außerdem Kleingruppen zum systematischen Studium des Wortes Gottes, verbunden mit der praktischen Umsetzung im Dienst am Nächsten und der Gesellschaft. In Kindergruppen werden die geisti-

---

7 Shoghi Effendi, zitiert in: Lights of Guidance, A Bahá'í Reference File, Compiled by Helen B. Hornby, New Delhi 1997, S. 496, (1664).
8 'Abdu'l-Bahá, Ansprachen in Paris, Oberkalbach 1973, S. 35.

gen Fähigkeiten von Kindern entwickelt und die Grundlagen für einen aufrechten Charakter gelegt. Jugendgruppen helfen jungen Menschen dabei, eine starke moralische Identität und Kommunikationsfähigkeit zu entwickeln und ihr Sozialverhalten zu stärken. Bei all diesen Aktivitäten handelt es sich um offene, kostenlose Angebote für alle. Jede Bürgerin und jeder Bürger – ob jung oder alt, Mann oder Frau – kann einen Beitrag zum Gemeinwohl leisten. Dazu gehört insbesondere auch die Entwicklung einer Spiritualität und Geisteshaltung, die in praktisches Handeln mündet.

All diesen Bemühungen liegt die Überzeugung zugrunde, dass alle Menschen Träger des Zivilisationsprozesses sind:

„Alle Menschen wurden erschaffen, eine ständig fortschreitende Kultur voranzutragen ... Die Tugenden, die seiner Würde anstehen, sind Geduld, Erbarmen, Mitleid und Güte für alle Völker und Geschlechter der Erde."[9]

---

[9] Bahá'u'lláh, Ährenlese, Eine Auswahl aus den Schriften Bahá'u'lláhs, zusammengestellt und ins Englische übertragen von Shoghi Effendi, Hofheim 1980 109:2.

Toleranz in einer multireligiösen Gesellschaft

Friedrich Weber

Vor fast sechs Jahren haben in Wolfenbüttel Unbekannte einen Brandsatz in die Moschee der muslimischen Gemeinde geworfen und dabei Leib und Leben der Familie des Mullahs, die im Obergeschoß der Moschee lebte, aufs Spiel gesetzt. Politiker, die Kirchen, Vereine, schlichtweg die zivilgesellschaftlichen Akteure haben auf diesen verbrecherischen Anschlag durch Solidaritätsbekundungen mit den Opfern und mit öffentlicher Zurückweisung der in dem Anschlag offenbar werdenden menschenverachtenden Haltung reagiert. Unter dem Eindruck des Anschlags wurden die „Wolfenbütteler Gespräche – Religionen in der Zivilgesellschaft" ins Leben gerufen. Sie sind seither ein vielbeachtetes öffentliches Forum in der Herzog-August-Bibliothek, der Wirkungsstätte Lessings, und ein Beispiel dafür, wie in der Zivilgesellschaft schwelende Konflikte aufgenommen und bearbeitet werden können. Zahlreiche Menschen aus den unterschiedlichen religiösen, kulturellen und gesellschaftlichen Milieus sind seitdem in Wolfenbüttel – durchaus in der Tradition eines Gotthold Ephraim Lessing (1729–1781) – miteinander ins Gespräch gekommen, um Spannungen zwischen Kulturen und Religionen zu bearbeiten und aus der Wahrheit des jeweils anderen zu lernen.[1] Nicht selten wird bei solchen Gelegenheiten, am historischen Ort Lessings Ringparabel aus seinem

---

1 Die Initiatoren und Veranstalter der Wolfenbütteler Gespräche sind zivilgesellschaftlich engagierte Einzelpersonen in Kooperation mit der Friedrich-Ebert-Stiftung (Dr. Karl Ermert, Prof. Dr. Ulrich Menzel, Wilhelm Schmidt, Prof. Dr. Helwig Schmidt-Glintzer, Prof. Dr. Friedrich Weber).

Drama „Nathan der Weise", 1779 in Wolfenbüttel geschrieben, als Modell eines toleranten Miteinanders beschworen. Wer in Wolfenbüttel lebt, kommt in der Tat nicht umhin, sich mit Lessings Ringparabel auseinanderzusetzen.

In meinem kurzen Beitrag beginne ich also mit der Frage danach, in welchem Verhältnis die Ringparabel zu einer überzeugten Toleranz steht, um dann einige Thesen anzuschließen, die nach den Bedingungen fragen, die erfüllt sein müssen, damit ein Dialog zwischen den Religionen und Kulturen gelingen kann. Ich schließe mit einem weiteren Beispiel aus meiner Arbeit in der Arbeitsgemeinschaft Christlicher Kirchen in Deutschland (ACK), wie die zu solchem Dialog nötige gebildete Religion zum friedlichen Zusammenleben der Religionen beitragen kann.

Die Ringparabel und die überzeugte Toleranz

Von Toleranz zu reden bedeutet, an einen Autor zu erinnern, der früher und deutlicher als andere Leitlinien für den Dialog der Religionen formuliert hat. Natürlich meine ich Gotthold Ephraim Lessing, der als Bibliothekar in Wolfenbüttel wirkte und hier den „Nathan der Weise" schrieb, dessen Ringparabel immer wieder als das Beispiel interreligiösen Dialogs genannt wird. Dass dieser Dialog im Geist der Toleranz zu erfolgen habe, wurde von Lessing unvergesslich eingeprägt. Doch welche Art von Toleranz beschreibt Lessing – und welche Art brauchen wir heute? Ist das Bild der drei Ringe, unter denen der wahre Ring sich nicht mehr finden lässt, wirklich ein zureichendes Modell von Toleranz? Die drei Söhne, die von ihrem Vater drei gleich aussehende Ringe erhalten, ziehen vor den Richter, um feststellen zu lassen, wer den echten Ring und mit ihm auch die Herrschaft erhalten hat. Da jedoch nach der Auffassung des Richters die Wahrheitsfrage nicht entschieden werden kann, macht er stattdessen die Frage zum Prüfstein, wer von den dreien der beliebteste sei, welchen also zwei der drei Brüder besonders lieben. Dieser Test geht negativ aus, weil die erklärte Liebe zu einem Bruder das Eingeständnis impliziert hätte, dass er über den echten Ring verfügt. Das veranlasst den Richter zu der Einschätzung, dass es diesen gar nicht mehr gibt; er ging vielmehr, so vermutet er, verloren. An die drei Brüder appelliert er, trotzdem an die Echtheit ihres Rings zu glauben und dies durch ein Verhalten unter Beweis zu stellen, das durch vorurteilsfreie Liebe und Verträglichkeit geprägt ist. Mit diesem Ausgang der berühmten Ringparabel tritt die Frage nach der Wahrheit in den Hintergrund. Das von Lessing vorgeschlagene Konzept der Toleranz kann deshalb zu einer relativistischen Vorstellung von Toleranz verleiten, der alle Wahrheitsansprüche gleich gültig sind; der öffentliche Streit um die Wahrheit wird dann um des lieben Friedens willen ausgesetzt. Wer sich dem von Lessing vorgeschlagenen Konzept dagegen entzieht, wird sich zu einem fundamentalistischen Verständnis religiöser Wahrheit verführt sehen, welches dem andern einen Zugang zur Wahrheit des Glaubens gerade bestreitet. Relativistische Toleranz und fundamentalistischer Absolutheitsanspruch sind beide mit einem aufrichtigen Dialog der Religionen unvereinbar. Er braucht eine überzeugte Toleranz. Toleranz ist also nicht mit einer Haltung gleichzusetzen, die alles für richtig hält und jedem Recht gibt. Wenn alles gleich gültig ist, wird alles gleichgültig. Es wird beliebig und verliert an Bindungskraft und Überzeugung. Wenn Toleranz demzufolge nicht in einer religiösen Indifferenz gründet, dann hat das freilich Folgen für die Art und Weise, in welcher diese Toleranz praktiziert wird.[2]

2004 hat Ministerpräsident Prodi als Präsident der Europäischen Kommission in Brüssel auf den Besuch europäischer Kirchenführer reagiert. Ich zitiere Wolfgang Hubers Bericht: „Während dieses Gesprächs sagte Präsident Prodi zu uns: Bis zu einem gewissen Grade nehmen Sie in den Kirchen die Zukunft Europas vorweg. Denn die entscheidende Aufgabe Europas ist es, der Pluralität eine Gestalt zu geben, die Einheit in Verschiedenheit zu leben. Und er fuhr fort: Die ökumenische Gemeinschaft der Kirchen ist ein Modell für die Einheit in Verschiedenheit, die wir in Europa brauchen. Wir sollten diese Perspektive erweitern: Die Weise, in welcher die Religionen ihr Verhältnis untereinander klären und wie sie ihren Dialog gestalten, ist von enormer Bedeutung für die Frage, ob unsere Gesellschaft ihre Differenzen friedvoll klären kann oder nicht. Wir haben die Chance, den Dialog in Klarheit und im gemeinsamen Fragen nach der Wahrheit friedlich zu führen. Damit können wir ein Vorbild für das friedliche Miteinander verschiedener Überzeugungen abgeben. Unsere Gesellschaft wird davon profitieren."[3]

---

[2] Zum Ganzen siehe: Johannes Schneider, Lessings Frage nach der Erkenntnismöglichkeit der Religion, in: Wolfenbütteler Studien zur Aufklärung; hg. v. Günter Schulz, Bd II, 1975,5. 137–147 und Friedrich Weber, Über die Grenzen von Lessings Toleranzbegriff. Wolfenbütteler Vortragsmanuskripte Nr. 4, hg. von der Lessing Akademie, Wolfenbüttel 2007.
[3] Siehe http://www.ekd.de/vortraege/070223_huber_hamburg.html.

Stärkere Auseinandersetzung und bewusster Dialog mit der multikulturellen Szene und den Religionen sind nötig

1. Die Frage nach der Chance des Dialogs führt zur Frage nach den Bedingungen ihres Gelingens. Dabei muss hinsichtlich der Religionen immer im Blick sein, dass hier ein Ringen zwischen der Verbindlichkeit des Wahrheitsanspruches, den jede Religion hat und dem Respekt vor den Mitmenschen – unabhängig von seiner religiösen Überzeugung – geschieht. In diesem Respekt vor den Mitmenschen liegt eine wesentliche Wurzel der Toleranz. Im Blick auf das Christentum kann man sagen, dass sich in ihm gerade aus der Innenperspektive heraus geurteilt, Toleranz und Intoleranz immer wieder begegnet sind.

2. Diesen Respekt vor dem Mitmenschen sehe ich am ehesten in einer Zivilisierung der Differenz und der Verabschiedung vom Identitätsdenken und damit um die Tatsache, dass die Problematisierung des Eigenen zu den Voraussetzungen der Toleranz zu zählen ist, gegeben. Ohne die Selbsthinterfragung des Eigenen ist Toleranz nicht zu haben. Voraussetzung für die kulturellen Praktiken der Toleranz bleibt der Verzicht auf die bösartigen Formen der Souveränität und der Selbstermächtigung. Oder anders gesagt, Toleranz lebt von dem Versprechen auf Identitätsgewinn durch Verzicht.

3. Die frühneuzeitliche Auseinandersetzung um das Verhältnis von Konfessionen und politischer Ordnung und das sich daraus ergebende Verfahren der Zivilisierung von Konflikten durch Grenzziehung für das Verhältnis von Religion und Politik hat auch für unsere heutige Problematik eine hohe Bedeutung. Die Kunst der Trennung zwischen unterschiedlichen Sphären des gesellschaftlichen Zusammenlebens bildet eine politische Zentraltugend freier Gesellschaften. Diese Kunst erfordert Kenntnis des Umfeldes, hermeneutisches Fingerspitzengefühl, auch ethische und politische Weisheit. Denn natürlich ist eine gelingende liberale Ordnung immer mehr als eine Welt von Trennmauern. Sie zerhackt die Gesellschaft nicht in inkommunikable Sphären und sie darf auch die Individuen nicht völlig vereinzeln. Mehr noch, die liberalen Trennungen würden ohne das gleichzeitige Wissen um das übergreifende Kontinuum sozialer Lebenswirklichkeit sinnlos. Um ein bestimmtes Gebiet abgrenzen zu können, muss ich seine Nachbargebiete kennen. Alle Grenzziehungen zwischen Religion und Politik, Recht und Moral, Wirtschaft und Staat setzen, um verstanden zu werden, das Wissen um den Kontext voraus.

4. Was sich im christlichen Absolutheitsanspruch problematisch ausdrückt, ist die notwendige Forderung nach Verbindlichkeit und Glaubwürdigkeit des christlichen Glaubens. Absolut ist nur Gott. Verbindlichkeit und Glaubwürdigkeit können weder theoretisch noch durch Negation anderer Glaubensweisen gewonnen werden. Natürlich ist die Wahrheitsfrage letztlich eine Frage der Subjektivität und der Toleranz. Als Christ kann ich sagen: „Jesus Christus ist die entscheidende Wahrheit." Wie aber prägt das mein Verhältnis zu Muslimen? Der Pluralismus neigt zur Toleranz – und das ist gut so. Aber das bedeutet nicht, dass man deshalb die Vorstellung haben muss, es gäbe keine Wahrheit, es sei alles nur eine mehr oder weniger subjektive Angelegenheit. Zur Gesellschaft mit kultureller Vielfalt kann nur beitragen, wer sich für beides interessiert, für die fremden Kulturen und für die eigene kulturelle Identität. Wer mit Religiösen über Religion sprechen will, muss selbst eine haben.

5. Es gibt zwei verhängnisvolle Alternativen zum Pluralismus. Der Fundamentalismus will die Rückkehr in einfache Verhältnisse. Er weicht der Infragestellung durch das Fremde aus. Eine kleine Zahl einfacher Lehrsätze soll für die Orientierung im Leben genug sein. Anderes wird nicht zur Kenntnis genommen oder abgelehnt. Der Fundamentalismus sperrt sich gegen die mögliche Wahrheit, gegen die möglichen Werte, gegen den Reichtum in der Person, der Erfahrung, den Glauben und der Kultur des anderen, des Fremden. Deshalb ist seine Intoleranz inhuman. Auf der anderen Seite steht der Relativismus. Er sagt, jeder Mensch hat seine Überzeugungen und Lebensweisen für sich selbst. Eine Verständigung ist nicht möglich. Die Wahrheitsansprüche, die für uns einzelne wichtig sind, lassen wir in der Begegnung mit anderen auf sich beruhen. Nach diesem Modell können die unterschiedlichen Menschen und Gruppen deshalb nur gut miteinander leben, weil sie einander im Letzten gleichgültig sind. Diese Art von Multikulturalität ist am Ende der Tod aller Kultur, weil die tiefen und für die Menschen wichtigen Fragen nicht mehr gestellt und die Antworten auf diese Fragen tabuisiert werden.[4]

6. Interreligiöse Gespräche leben also davon, dass Menschen zusammentreffen, für die ihre jeweilige Religion eine gelebte Existenzform, eine individuell angeeignete Gestalt des Lebens ist. Pluralistische Religionstheorien dienen dann gerade nicht der Förderung der Multikulturalität, wenn sie einseitig das den verschiedenen Religionen Gemein-

---

4 Peter Steinacker, Juden-Christen-Moslems. Monotheistische Religionen im Dialog oder in Konfrontation. Vortrag vom 13.11.2001.

same hervorheben, ohne zugleich nach dem ihnen jeweils Besonderen zu fragen. Der Austausch zwischen den Kulturen setzt deren Unterscheidung voraus. Nach dem Verbindenden zwischen den Kulturen kann nur fragen, wer auch deren Unterschiede zu benennen vermag.

Dialoge zwischen den Religionen – auch mit Absolutheitsanspruch – können nur den Religionen gelingen, die zu einem „Pluralismus aus Prinzip", einem positionellen Pluralismus" fähig sind.[5]

7. Ein positioneller Pluralismus hat folgende Merkmale: Er ist vom exklusiven Wahrheitsanspruch seiner Religion überzeugt und gewinnt von daher die Perspektive zur Beurteilung der anderen Religionen. Dieser Wahrheitsanspruch wird allen zugebilligt. Dialog wird erst dann möglich, „wenn die jeweiligen Dialogpartner sich gegenseitig die Selbstdefinition ihrer eigenen Position gewähren."[6] Das volle Verständnis füreinander findet an der heiligen Gottheit Gottes seine Grenze.

Positioneller Pluralismus setzt Toleranz als Akzeptanz des Fremden voraus. Dies ist mehr als Duldung. Möglich ist dies nur in Gemeinwesen, die zwischen Religion und Staat trennen, ohne Zusammenarbeit auszuschließen. Dabei gilt es, die Ängste vor dem Fremden und Bedrohlichen als Bestandteile des gesellschaftlichen Bewusstseins zunächst zu akzeptieren, um dann nach Bedingungen zu suchen, die eine Annäherung zwischen jeweils Anderen und einander Fremden begünstigen.[7]

8. Die Gedanken von Michael Walzer zur Toleranz, verstanden als Zivilisierung der Differenz, die in der Kunst der Trennung ihre hermeneutische Zuspitzung haben, finden sich in einer biblischen Geschichte. In ihr sagt Abraham zu Lot, seinem Neffen: „Zwischen mir und dir, zwischen meinen und deinen Hirten soll es keinen Streit geben. Wir sind doch Brüder. Liegt nicht das ganze Land vor dir? Trenne dich also von

---

5 Peter Steinacker, Der Absolutheitsanspruch des einen Gottes: Die monotheistischen Religionen Judentum, Christentum, Islam in der pluralistischen Welt der Moderne, in: ders., Absolutheitsanspruch und Toleranz, Frankfurt 2006, S. 32.
6 Christoph Schwöbel, Solus Christus? Zur Frage der Einzigartigkeit Jesu Christi im Kontext des interreligiösen Dialogs, in: Leben und Kirche, Festschrift für Wilfried Härle 2001, S. 79–106, Zitat S. 103.
7 Zum Ganzen: Wilfried Härle, Die Wahrheitsgewissheit des christlichen Glaubens und die Wahrheitsansprüche anderer Religionen, in: ZS f. Mission Jg. 24, 1998, 176ff.

mir. Wenn du nach links willst, gehe ich nach rechts, wenn du nach rechts willst, gehe ich nach links." (Genesis 13, 8 – 9). Hier findet sich ein tolerantes Modell, das die Differenz zivilisiert.

In dieser Geschichte gibt einer nach, der es nicht nötig hat. Beispiele gibt es genug: Nelson Mandela, der es den Weißen nicht heimzahlte, die Ostdenkschrift der EKD von 1965, die zur Verständigung zwischen den damals verfeindeten Teilen Deutschlands und mit den östlichen Nachbarn führte. Dies ist das Modell eines pragmatischen Friedens in einer unvollkommenen Welt: Gerade damit Menschen miteinander geschwisterlichen Umgang pflegen können, ist es manchmal notwendig, die jeweiligen Gebiete abzugrenzen, denn während nach einer Vereinigung in Liebe gestrebt wird, sind Menschen zugleich den von ihrer menschlichen Endlichkeit gesetzten Grenzen unterworfen.

Damit wird vor idealistisch-harmonisierenden Versöhnungsbemühungen zwischen den Religionen und Kulturen gewarnt. Es geht um die Zivilisierung der Differenz![8]

9. Es ist wichtig, dass wir uns nicht von den Lerngeschichten verabschieden, die zur Herausbildung unseres Zivilisationsmodells geführt haben. Dazu gehört die Geschichte der Entpolitisierung der Religion ebenso wie die Absage an die Resakralisierung des Politischen auch im Zeichen von Zivilreligionen.

10. Toleranz setzt Bildung voraus, ebenso wie die Chance des Dialogs der Kulturen ohne Bildung verkümmern würde. Bildung ist die Befähigung, Zusammenhänge zu sehen und das Einzelne in ein immer neu gesuchtes Ganzes einzuordnen. Sie ist die Fähigkeit, die Anderen als Andere zu erkennen und anzuerkennen; die eigene Existenz in tieferen Gründen festzumachen, Verantwortung für die menschliche Gemeinschaft – und dies auch mit globaler Perspektive – zu übernehmen. Sie ist die Fähigkeit, mit Anderen in Dialog zu treten und gerade im Dialog bei aller Lernbereitschaft die eigene geistige und religiöse Beheimatung besser wahrzunehmen und sich die Kompetenz einer religiösen Sprach- und Artikulationsfähigkeit anzueignen. Wir brauchen gebildete Religion. Und wir brauchen Begegnungen der Menschen unterschiedlicher Religionszugehörigkeit, die um die eigene Glaubenstradition wissen und zugleich die der anderen respektieren.

---

8   Michael Walzer, Über Toleranz, 1997.

Das Projekt „WEISST DU, WER ICH BIN?"[9]

Im Folgenden gebe ich die Ziele und die Skizze der Projektdurchführung, wie sie von den Trägern beschrieben werden, wieder. Das von 2005–2007 sehr erfolgreich verlaufene Projekt geht im Jahr 2009 in seine Fortsetzungsphase. In der ersten Phase beteiligten sich ca. 100 lokale Projektgruppen. Das Projekt ist ein gelungenes Beispiel für die beschriebene Auseinandersetzung und den Dialog der Religionen.

Das Ziel des Projektes „Weißt Du, wer ich bin?" ist die Förderung des friedlichen Zusammenlebens in Deutschland. Der Weg zu diesem Ziel besteht in der Begegnung von Menschen aus unterschiedlichen religiösen Traditionen. Unter der Leitfrage „Weißt Du, wer ich bin?" sollen in Gesprächen und mit Aktionen die Kenntnisse über die andere und über die eigene Religion vermehrt werden. Das Projekt regt so dazu an, Neugier füreinander zu entdecken, Vorbehalte zu überwinden und Gemeinschaft zu stärken. Angesprochen sind deshalb junge und ältere Menschen aus jüdischen, christlichen und muslimischen Gemeinden sowie aus Kindergärten oder Jugendgruppen, Schulen oder Vereinen.

Projektdurchführung

Ausgangs- und Kristallisationspunkte der Arbeit der Projektgruppen sind:

1. Besondere Zeiten und Orte (in den Glaubenstraditionen) (z.B. Besuch von Kirchen, Synagogen und Moscheen, Teilnahme an Festtagen, Besuch von regelmäßigen gottesdienstlichen Veranstaltungen)

2. Feiertage und Orte des bürgerlichen und politischen Lebens (z.B. 1. Mai / 3. Oktober / 9. November / Tag der Menschenrechte u.a.)

3. Biografische Ansatzpunkte (z.B. Geburt, Taufe, Beschneidung, Erziehung: Bar/Bath Mizwa, Konfirmation / Firmung, Hochzeit, Krankheit, Tod)

---

[9] Das Projekt wurde und wird verantwortet von der Arbeitsgemeinschaft Christlicher Kirchen in Deutschland (ACK), dem Zentralrat der Juden, dem Zentralrat der Muslime in Deutschland (ZMD) und der Türkisch-Islamischen Union der Anstalt für Religion.

4. Alltagskonflikte, Stereotypen (z.B. Moscheen- oder Kirchenbau, Glockenläuten, Muezzinruf, Friedhof u.a.)

5. Gesellschaftspolitisches Handeln (Menschenrechte und Menschenwürde, Fremdenfeindlichkeit, sozialer Frieden, Gerechtigkeit, Bewahrung der Schöpfung u.a.)

6. Pilgerwege (z.B. zu historischen Orten jüdischer, christlicher, muslimischer Begegnung oder Verfolgung)

Die Gruppen sollen Vertreter/innen der verschiedenen Religionen und Konfessionen vor Ort umfassen und aus ca. 10 bis 15 Personen bestehen. Je nach Situation und örtlicher Gegebenheit können auch nichtreligiöse Organisationen beteiligt werden oder religiöse Vereinigungen, die nicht Träger des Projekts sind. Antragsteller für Zuschüsse sollen denen der Träger zuzuordnen sein.

Die regionalen Strukturen der Trägerorganisationen (z.b. lokale und regionale ACK's) sollten bei der Auswahl und Zusammenstellung der Gruppen initiierend tätig sein. Diese – sowie Fachleute aus den Landeskirchen, Bistümern und anderen Organisationen – sollten für die Dauer der Gruppenarbeit als Ansprechpartner und Ansprechpartnerinnen für die Gruppenmitglieder zur Verfügung stehen.[10]

Das Projekt „Weißt Du, wer ich bin?" ist nötiger denn je, wenn uns am friedlichen Zusammenleben der großen Religionen gelegen ist. Wir müssen mehr voneinander wissen, wir müssen uns häufiger begegnen und wir müssen voneinander lernen, damit nicht das Fremde und das Unbekannte verklärt oder dämonisiert werden. In dieser Begegnung geht es um das Einüben in tolerantes Verhalten. Toleranz aber ist das genaue Gegenteil von Indifferenz oder Relativismus. Toleranz setzt Bildung voraus, ebenso wie der Dialog der Kulturen ohne Bildung verkümmert. Bildung aber ist die Fähigkeit, mit Anderen in Dialog zu treten und ihnen so zu begegnen, einmal um das Andere kennen zu lernen, aber auch, um die eigene geistige und religiöse Beheimatung besser wahrzunehmen.

---

10 „Weißt Du, wer ich bin?" Das Projekt der drei großen Religionen für friedliches Zusammenleben in Deutschland, hg. von Ökumenische Centrale, Frankfurt 2006.

Warum das Islambild verändern? Erfahrungen des Clearingprojekts: Zusammenleben mit Muslimen

Torsten Jäger

Es gab Beifall aus der falschen Ecke, als wir im Herbst des Jahres 2008 unsere Positionen zur Überwindung von Islamfeindlichkeit unter dem Titel „Das Islambild verändern"[1] veröffentlichten:

- „Den Islam können wir nicht verändern. Das Islambild können wir verändern, sollten wir auch. Wir zeigen den Islam wie er wirklich ist. Zutiefst inhuman." (Jochen10 am 02. Aug 2008 um 14:38 Uhr auf pi-news.net)

- „Das stimmt! Das erste Vorurteil lautet: Islam ist Frieden! Und was die Halbwahrheiten angeht, so stimme ich auch zu, denn würde man die ganze Wahrheit über den Islam sagen, wäre der Schmusekurs endgültig vorbei." (Hassan Kal am 02. Aug 2008 um 12:52 Uhr auf pi-news.net)

So und ähnlich lauteten die Kommentare in verharmlosend „islamkritisch" genannten Internetblogs wie Politically Incorrect [2], Die GRÜNE-PEST [3] oder Gegen Islamisierung[4] Es kommt also offenbar weniger darauf an, mit wem man im selben Boot sitzt als darauf, in welche Rich-

---
1 Siehe Anlage 1 dieses Buches.
2 http://www.pi-news.net
3 http://die-gruene-pest.com/ und http://gruene-pest.net/
4 http://www.gegen-islamisierung.info/

tung gerudert werden soll. Und welche Sicht der Dinge man sich zu eigen macht!

Die gefühlte Wirklichkeit

Unter dem Titel „Eine fremde, bedrohliche Welt" veröffentlicht die Frankfurter Allgemeine Zeitung am 17. Mai 2006 die Ergebnisse einer repräsentativen Umfrage des Allensbacher Instituts für Demoskopie.[5] Die Daten legen den Schluss nahe, dass „*in Deutschland ebenjener Prozess der Entfremdung zwischen abendländischer und islamischer Welt wie auch zwischen traditioneller Bevölkerung und den im Lande lebenden Muslimen selbst stattfindet, der, wenn man es pessimistisch betrachtet, als Beginn einer Konfliktspirale angesehen werden kann.*" Denn, so die Autoren der Studie, „*die Vorstellungen der Deutschen über den Islam waren bereits in den vergangenen Jahren negativ, doch sie haben sich in der jüngsten Zeit noch einmal spürbar verdüstert.*"[6]

So teilen 83 Prozent der befragten Personen die Aussage, der Islam sei von Fanatismus geprägt; 62 Prozent halten ihn für rückwärtsgewandt, 60 Prozent sind davon überzeugt, dass der Islam im Kern undemokratisch ist. 91 Prozent aller Befragten denken bei dem Stichwort „Islam" an die Benachteiligung von Frauen und nur 8 Prozent wollen dem Islam Friedfertigkeit bescheinigen. Fast schon folgerichtig ist die Mehrzahl (58 Prozent) der befragten Personen davon überzeugt, dass es in der Zukunft zu Spannungen mit der muslimischen Bevölkerung in Deutschland kommen wird.[7]

Die „wirkliche" Wirklichkeit

Der verbreiteten gesellschaftlichen Ablehnung von Islam und Muslimen stehen Daten und Fakten unter anderem aus Berichten der Verfassungsschutzbehörden des Bundes und der Länder und empirische Untersuchungen gegenüber, die ein anderes und sehr viel differenzierteres Bild zeichnen:

---

5 Noelle, E. und Petersen, T.: Eine fremde, bedrohliche Welt. In: Frankfurter Allgemeine Zeitung vom 17. Mai 2006. Seite 5.
6 ebd.
7 Vgl. ebd.

- Eine im Auftrag des Bundesministerium des Innern erarbeitete und im Dezember 2007 der Öffentlichkeit vorgestellte Studie von Prof. Dr. Peter Wetzels und Katrin Brettfeld zum Thema „Muslime in Deutschland – Integration, Integrationsbarrieren Religion sowie Einstellungen zu Demokratie, Rechtsstaat und politisch-religiös motivierter Gewalt"[8] liefert – neben besorgniserregenden gruppenspezifischen Befunden wie dem bei muslimischen Jugendlichen stark ausgeprägten Antisemitismus – deutliche Hinweise darauf, dass die Bedingungsgefüge und Anteile demokratiefeindlicher bzw. demokratiedistanzierter Muslime in Deutschland annähernd den in verschiedenen anderen Erhebungen ermittelten Daten und Anteilen bei Nichtmuslimen entsprechen:

„Die Ergebnisse der drei standardisierten Erhebungen zeigen dazu, dass unter den in Deutschland lebenden Muslimen eine relevante Minderheit existiert, die Einstellungen erkennen lässt, die durch Demokratiedistanz, eine Legitimation politisch-religiös motivierter Gewalt, an den Islam anknüpfen Ideologien der Ungleichwertigkeit sowie Formen religiöser Intoleranz und Vorurteile gekennzeichnet sind. Diese Gruppe, bei denen von einem Radikalisierungspotenzial in verschiedener Hinsicht gesprochen werden kann, ist bei jüngeren Menschen deutlich größer als in der auch die ältere Generation umfassenden Allgemeinbevölkerung. Es handelt sich um Einstellungen, die vielfach Ähnlichkeiten mit dem aufweisen, was unter deutschen Jugendlichen und jungen Erwachsenen als Ungleichwertigkeitsideologien bereits häufiger beschrieben und mit den Begriffen Intoleranz, Fremdenfeindlichkeit oder auch Rechtsextremismus in Verbindung gebracht werden kann.

Die Bedingungsgefüge, die sich diesbezüglich bei den untersuchten Muslimen zeigen, weisen ebenfalls gewissen Parallelitäten auf: Begrenzte soziale Teilhabechancen, geringe Bildung,

---

8 „Muslime in Deutschland – Integration, Integrationsbarrieren, Religion sowie Einstellungen zu Demokratie, Rechtsstaat und politisch-religiös motivierter Gewalt. Ergebnisse von Befragungen im Rahmen einer multizentrischen Studie in städtischen Lebensräumen" Studie von Katrin Brettfeld und Prof. Dr. Peter Wetzels unter Mitarbeit von Ramzan Inci, Sarah Dürr, Jan Kolberg, Malte Kröger, Michael Wehsack, Tobias Block und Bora Üstünel. Universität Hamburg, Institut für Kriminalwissenschaften – Abteilung Kriminologie im Juli 2007. Download unter: http://www.bmi.bund.de/cae/servlet/contentblob/139732/publicationFile/14974/Muslime%20in%20Deutschland.pdf (Link Stand 29. April 2009).

Bedrohungswahrnehmungen – in der Summe die Suche nach einfachen Lösungen in einer komplizierten Welt, das Bedürfnis nach eindeutigen Maßstäben und Regeln, die sich der Krücke der Konstruktion eines Feindbildes bedienen."[9]

- Über vier Millionen Muslime und Menschen mit Wurzeln in islamisch geprägten Ländern leben in der Bundesrepublik Deutschland. Laut Verfassungsschutzbericht des Jahres 2007 beläuft sich das „islamistische Personenpotenzial in Deutschland" auf insgesamt 33.170 Muslime. Bundesinnenminister Wolfgang Schäuble selbst hat bei der Vorstellung des Berichts ausdrücklich darauf hingewiesen, dass diese Zahlen nicht mit dem weitaus kleineren Bereich des gewaltbereiten Terrorismus gleichzusetzen sind.[10] Der Personenkreis der sogenannten „Gefährder" beläuft sich nach Verfassungsschutzberichten der Jahre 2006 und 2007 auf zwischen 300 und 900 Personen.[11]

Gute Gründe, das Islambild zu verändern

Aus der Differenz zwischen gefühlter und „wirklicher" Wirklichkeit resultiert für das *Clearingprojekt: Zusammenleben mit Muslimen* der Auftrag, das verzerrte Islambild der Realität der Muslime und des muslimischen Lebens in Deutschland anzunähern. Hierfür gibt es gute Gründe:

- **Weil es Ablehnung und Diskriminierung fördert**
  In dem am 8. Oktober 2008 von der Bundesregierung beschlossenen „Nationalen Aktionsplan gegen Rassismus" wird darauf hin-

---

9 Kurzdarstellung der Ergebnisse des Forschungsvorhabens: „Muslime in Deutschland – Integration, Integrationsbarrieren Religion sowie Einstellungen zu Demokratie, Rechtsstaat und politisch-religiös motivierter Gewalt. Ergebnisse von Befragungen im Rahmen einer multizentrischen Studie in städtischen Lebensräumen". Seite 34. Download unter: http://www.bmi.bund.de/cae/servlet/contentblob/139730/publicationFile/19580/Muslime%20in%20Deutschland%20Kurzdarstellung.pdf (Link Stand 29. April 2009).
10 Vgl.: Bundesministerium des Innern (Hrsg.): Verfassungsschutzbericht 2007. Redaktion: Bundesamt für Verfassungsschutz. Berlin im Mai 2008. Hier: Rede von Bundesinnenminister Schäuble anlässlich der Vorstellung des Berichts am 15. Mai 2008. S. 3f. Download unter: http://www.verfassungsschutz.de/download/SHOW/vsbericht_2007.pdf (Link Stand 29. April 2009).
11 Vgl. hierzu beispielsweise: 890 gefährliche Islamisten leben in Deutschland. In: Die Welt vom 5. September 2007.

gewiesen, es bestehe die Gefahr, *„dass insbesondere Musliminnen und Muslime einem Generalverdacht ausgesetzt werden, der im Extremfall in Diskriminierungen oder Übergriffe mündet bzw. münden kann."*[12]

Nach einer repräsentativen Umfrage des Instituts für interdisziplinäre Konflikt- und Gewaltforschung (IKG) an der Universität Bielefeld aus dem Jahre 2008 (Heitmeyer) fühlen sich 34,9 Prozent aller Befragten „durch die vielen Muslime hier (...) wie ein Fremder im eigenen Land." Das verbreitete Unbehagen und die Angst vor Muslimen und dem Islam führen dazu, dass bei vielen Nichtmuslimen eine große Bereitschaft besteht, Muslimen in Deutschland fundamentale Rechte zu beschneiden. So unterstützen immerhin 24 Prozent aller vom IKG Befragten die Forderung danach, Muslimen die Zuwanderung nach Deutschland zu untersagen.[13]

Die bereits erwähnte Untersuchung des Allensbacher Instituts für Demoskopie aus dem Jahre 2006 zeigt auf, was diese generelle Ablehnung konkret bedeutet:

- 40 Prozent sind dazu bereit, die Ausübung der islamischen Religion in Deutschland einzuschränken um so zu verhindern, dass es zu viele gewaltbereite Muslime gibt.
- 56 Prozent der Befragten finden, dass es in Deutschland verboten sein sollte, Moscheen zu bauen, solange es in manchen islamischen Ländern verboten ist, Kirchen zu bauen.
- 74 Prozent der Befragten sind der Auffassung, eine Moschee solle auch dann nicht gebaut werden, wenn die Behörden dem Bau zugestimmt haben, aber die Bevölkerung vor Ort sich dagegen ausspricht.[14]

---

12 Nationaler Aktionsplan der Bundesrepublik Deutschland zur Bekämpfung von Rassismus, Rassendiskriminierung, Fremdenfeindlichkeit, Antisemitismus und darauf bezogene Intoleranz. Oktober 2008. S. 105 Download unter: http://www.bmi.bund.de/cae/servlet/contentblob/150674/publicationFile/18318/ Nationaler_Aktionsplan_gegen_Rassismus.pdf (Link Stand 29. April 2009).
13 Deutsche Zustände im 20. Jahr nach dem Fall der Mauer. Presseinformation zur Präsentation der Langzeituntersuchung „Gruppenbezogene Menschenfeindlichkeit" am 4. Dezember 2008 in Berlin. S. 7. Download über http://www.uni-bielefeld.de/ikg/ (Stand Link: 29. April 2009).
14 Vgl. Noelle E. und Petersen, T. a.a.O.

Es ist dieses Klima, das bei Muslimen in Deutschland das Gefühl aufkommen lässt, von der Gesellschaft zu Unrecht abgelehnt und mit Misstrauen beäugt zu werden. Das zeigt die bereits erwähnte Studie von Wetzels/Brettfeld, nach der die meisten der befragten Muslime zwar der Überzeugung sind, ihre Religion in Deutschland frei praktizieren zu können, zugleich aber jeder Dritte sich von Nichtmuslimen pauschal abgelehnt fühlt.[15]

Und es ist dieses gesellschaftliche Klima, in dem Muslimen der vergleichsweise reibungslose und protestfreie Bau einer Moschee in Duisburg als „Wunder von Marxloh" erscheint.[16]

- **Weil Rassisten es sich zu Nutze machen**
  Rassisten und Rechtsextremisten haben die Angst vor dem Islam und den Muslimen längst als Mobilisierungsthema und geeigneten Transmissionsriemen für den Aufbau und die Weiterentwicklung rechtsextremer und demokratiefeindlicher Strukturen ausgemacht. Hasstiraden wie die folgenden werden im Schutz der Anonymität und unter eindeutigen Pseudonymen alltäglich über das Internet verbreitet und von mehreren zehntausend Usern pro Tag gelesen[17]:

  - *„Das Einzige was gegen den Islam hilft ist nackte, rücksichtslose Gewalt!"* (nuovo am 22. Oktober 2008)
  - *„Jeder Musel der einen Deutschen anpöbelt sollte dafür mit 50 Peitschenhieben auf den nackten Allerwertesten bestraft werden. Jeder Musel der einen Deutschen tätlich angreift ist mit 100 Peitschenhieben und Ausweisung – der gesamten Sippe – zu bestrafen."* (Linkenscheuche am 28. Oktober 2008)

---

15 Vgl.: Kurzdarstellung der Ergebnisse des Forschungsvorhabens: „Muslime in Deutschland – Integration, Integrationsbarrieren, Religion sowie Einstellungen zu Demokratie, Rechtsstaat und politisch-religiös motivierter Gewalt. Ergebnisse von Befragungen im Rahmen einer multizentrischen Studie in städtischen Lebensräumen". Seite 12.
16 Der Begriff des „Wunders von Marxloh" wurde in einer Ansprache zur Eröffnung der Moschee im Duisburger Stadtteil Marxloh von Elif Saat geprägt. Die junge Frau leitet die Bildungs- und Begegnungsstätte der DITIB, die an die Moschee angegliedert worden ist.
17 Alle nachfolgenden Zitate entstammen dem Internetblog *Politically Incorrect*. Rechtschreibfehler wurden nicht korrigiert.

- *"Zu viele deutsche Frauen legen sich unter Muselanten. Ein Graus, es sollte ihnen verboten sein sich mit diesem Abschaum einzulassen. Es fehlt ihnen an Kritikfähigkeit, da sie Gehirngewaschen sind. Sie brauchen Aufklärung die beginnt schon in der Windelhose wie eben jede Erziehung. Und wenn es schon sein muss sich mit Dreck zu beschmutzen sollt unbedingt verhindert werden Muselantenbastarde zu produzieren."* (Masho am 26. Oktober 2008)
- *"die mächte, die ihre augen auf den islam gelenkt und diesen als tödliche bedrohung erkannt haben, sind eben erst aufgewacht uralt und hungrig. sie warten nur auf den richtigen augenblick. die zeit, in der der islam durch wohlmeinende dummheit am leben erhalten wird, wird dann vorbei sein. das ende wird brutal, endgültig und ohne eine möglichkeit der reue sein."* (Kyklop am 25. Apr 2009)

- **Weil damit Politik gemacht wird**
Nicht nur in den Gesetzen zur inneren Sicherheit und zur Terrorismusbekämpfung, sondern auch in der allgemeinen Migrations- und Integrationspolitik ist die durch das verfälschte Islambild begünstigte Skepsis gegenüber dem Islam und den Muslimen in Deutschland handlungsleitend geworden:

- *Beispiel Familiennachzug:* Einschränkungen und Restriktionen beim Familiennachzug – beispielsweise die Einführung einer Altersgrenze und der Nachweis von deutschen Sprachkenntnissen schon vor der Einreise – wurden vom Gesetzgeber damit begründet, Zwangsehen erschweren und unterbinden zu wollen.
- *Beispiel Einbürgerung:* Die Einführung eines Tests für Einbürgerungskandidaten seit dem 1. September 2008 hat eine Vorgeschichte: Der Befragungsleitfaden für die Einwanderungsbehörden Baden-Württembergs ist ein eklatantes Beispiel für die von der Angst vor Muslimen geleiteten Einbürgerungspolitik. Er hantiert mit vielen Stereotypen und Vorurteilen gegenüber Muslimen und hat damit einen Beitrag dazu geleistet, die hohen Hürden auf dem Weg der Einbürgerung mit der Gefahr einer Islamisierung Deutschlands zu rechtfertigen. Auch im jetzt zur Anwendung kommenden „Einbürgerungstest" des Bundesministerium des Innern wird mit mehreren Fragen z.B. zu Ehe und Familie kaum verholen auf

Muslime und ihnen unterstellte Verhaltensweisen abgehoben.
- *Beispiel kommunales Wahlrecht:* Die Debatte um ein kommunales Wahlrecht für Drittstaatler ist alt und hat nach längerer Pause gerade erst wieder begonnen. In Gesprächen, die der Interkulturelle Rat mit Politiker/innen und Vertretungen kommunaler Administrationen hierzu führt, wird immer wieder deutlich, dass das Unbehagen und die Ablehnung gegenüber einem kommunalen Wahlrecht für Drittstaatler sich vor allem aus einem Szenario speist, nachdem das passive Wahlrecht zur Bildung muslimischer Vereinigungen führen wird, die von den dann wahlberechtigten Muslimen in die Parlamente gewählt werden und von dort aus – überzeichnet – gräberfeldanlegend und großmoscheenbauend nachhaltig das Bild deutscher Städte und Kommunen verändern.

- **Weil Bilder ein Eigenleben entfalten**
Einmal in der Welt neigen wir dazu, nach der Bestätigung eines Bildes zu suchen. Aus der Psychologie kennen wir den Begriff der Self-Fullfilling-Prophecy. Gesagtes wird deshalb Wirklichkeit weil es gesagt wurde:

„'Was tun Sie', wurde Herr K. gefragt, ‚wenn Sie einen Menschen lieben?' Ich mache einen Entwurf von ihm', sagte Herr K, ‚und sorge dafür, das er ihm ähnlich wird.' ‚Wer? Der Entwurf?' ‚Nein', sagte Herr K., ‚der Mensch.'" (Bertolt Brecht: Geschichten vom Herrn Keuner)

Auch auf die, die beschrieben werden, wirken die Bilder. Max Frisch hat sich in seinem Lehrstück Andorra mit der Macht der Zuschreibungen am Beispiel von Andrei auseinandersetzt, der schließlich genau das wird, was die Andorraner in ihm sehen wollen:

„Seit ich höre, hat man mir gesagt, ich sei anders, und ich habe geachtet darauf, ob es so ist wie sie sagen. Und es ist so, Hochwürden: Ich bin anders. Man hat mir gesagt, wie meinesgleichen sich bewege, nämlich so und so, und ich bin vor den Spiegel getreten fast jeden Abend. Sie haben recht: Ich bewege mich so und so. Ich kann nicht anders. Und ich habe geachtet auch darauf, ob's wahr ist, dass ich alleweil denke ans Geld, wenn die Andorraner

mich beobachten und denken, jetzt denke ich ans Geld, und sie haben abermals recht: Ich denke alleweil ans Geld. Es ist so. Und ich habe kein Gemüt, ich hab's versucht, aber vergeblich: Ich habe kein Gemüt, sondern Angst. Und man hat mir gesagt, meinesgleichen ist feig. Auch darauf habe ich geachtet. Viele sind feig, aber ich weiß es, wenn ich feig bin. Ich wollt es nicht wahrhaben, was sie mir sagten, aber es ist so. Sie haben mich mit Stiefeln getreten, und es ist so. wie sie sagen: Ich fühle nicht wie sie. Und ich habe keine Heimat. Hochwürden haben gesagt, man muss das annehmen, und ich hab's angenommen."

Das Clearingprojekt: Zusammenleben mit Muslimen

Wenn das Zusammenleben von Muslimen und Nichtmuslimen gelingen soll, dürfen wir uns nicht von einem verfälschten Islambild leiten lassen. Schon heute ist unter den Muslimen in Deutschland das Gefühl verbreitet, von der Mehrheitsgesellschaft zu Unrecht abgelehnt und mit Misstrauen beäugt zu werden.[18] Bei einigen fördert und begünstigt dies die Abwendung von der nichtmuslimischen Mehrheitsgesellschaft und die Ausprägung abgeschotteter Strukturen.

Gleichbehandlung ist der Schlüssel

Hieraus ergibt sich eine große Herausforderung: Wir müssen alles tun, um Solidarisierungseffekten oder dem Entstehen einer „Sympathisantenszene" mit den wenigen gewaltbereiten Islamisten in Deutschland vorzubeugen. Daraus folgt nicht nur für das „Clearingprojekt: Zusammenleben mit Muslimen", sondern für alle Projekte, die sich um das Zusammenleben von Muslimen und Nichtmuslimen bemühen, die deutschen Muslime wie auch die Muslime in Deutschland mit einer „Politik der strikten Gleichbehandlung" – das bedeutet keine Benachteiligung, aber auch keine Bevorzugung – für diesen Staat, für diese Gesellschaft und für seine freiheitlich-demokratische Grundordnung zu gewinnen.

---

18 Vgl. Anmerkung 15.

Aufgabenbeschreibung und Struktur

In diesem Sinne versteht sich das Clearingprojekt als eine Anlaufstelle

- für Muslime, die sich in ihren Rechten verletzt oder von Diskriminierung betroffen sehen und

- für Nicht-Muslime, die kritische Anfragen an das konkrete Verhalten von Muslimen haben.

Es versteht sich zudem als eine Stelle, die sich darum bemüht, die Gesellschaft über muslimisches Leben in Deutschland zu informieren und aktuelle gesellschaftliche Debatten über das Zusammenleben von Muslimen und Nicht-Muslimen in Deutschland zu versachlichen.

Das Projekt wird mit einer vollen Personalstelle durchgeführt und über das Bundesamt für Migration und Flüchtlinge vom Bundesministerium des Innern sowie aus Mitteln der Karl-Konrad-und-Ria-Groeben-Stiftung gefördert. Es startete mit einer Laufzeit von drei Jahren im September 2006. Die Weiterführung des Projekts über das Jahr 2009 hinaus hängt davon ab, ob anteilige Förderungen durch die Karl-Konrad-und-Ria-Groeben-Stiftung, aus Bundesmitteln und Mitteln der Europäischen Kommission sichergestellt werden können.

Inhaltlich arbeitet das Clearingprojekt in Einzelfragen und in unterschiedlicher Intensität mit staatlichen Stellen, zivilgesellschaftlichen Organisationen und mit Vertretungen der großen muslimischen Verbände – DITIB, ZMD, VIKZ, Islamrat – aber auch mit einzelnen Moscheegemeinden und/oder muslimischen Initiativen zusammen.

Monatlich erreichen das Clearingprojekt durchschnittlich etwa 100 Anfragen und Eingaben unterschiedlichster Qualität und Intensität. Etwa die Hälfte der Anfragen und Eingaben (u.a. konkrete Konfliktanzeigen und Informationsfragen) wird unmittelbar im Projekt bearbeitet, zu jeweils etwa 15 Prozent werden Anfragen und Eingaben an andere Strukturen weitervermittelt, Anfragende weiterverwiesen oder Anfragen (z.B. wegen beleidigenden Inhalten) überhaupt nicht bearbeitet.

Handlungsfelder

Einige der Handlungsfelder und Fragestellungen, mit denen das Clearingprojekt seit September 2006 befasst war und ist, sollen im Folgenden umrissen und anhand einzelner exemplarischer Anfragen kurz beschrieben werden.

Moscheen und Moscheebauten

Das Clearingprojekt erreichen immer wieder Eingaben und Informationsanfragen u.a. von kommunalen Integrationsbeauftragten, Anwohnern oder Funktionsträgern aus Moscheevereinen in Kommunen, in denen Moscheebauprojekte geplant oder in der Realisierungsphase sind und vor Ort Polarisierungen und Konflikte zu befürchten oder bereits zu konstatieren sind. Zur Bearbeitung solcher Konflikte bedarf es in der Regel erheblicher personeller Ressourcen sowie einer profunden Kenntnis bereits entwickelter Kommunikationsstrukturen und der sozialen Situation vor Ort. Das Clearingprojekt hat auf diese Herausforderung reagiert durch die *Herstellung und Vermittlung von Kontakten* zwischen Personen und Funktionsträgern aus den von einem Konflikt betroffenen Kommunen mit verantwortlichen Persönlichkeiten aus Städten und Gemeinden, in denen Moscheebauprojekte weitgehend einvernehmlich realisiert wurden (know-how-Transfer) und die *Erarbeitung und Verbreitung einer Informationsbroschüre* zum Thema „Moscheen als Orte der Spiritualität und Integration", die mittlerweile über 6.000 Mal angefordert und versendet wurde (Anlage 3).

Schulfragen

Viele der Anfragen und Eingaben, die das Clearingprojekt erreichen, drehen sich um Fragen der Schule und des Schulalltags. Stichworte sind u.a. die Teilnahme muslimischer Schülerinnen und Schüler an Klassenfahrten, der gemeinsame Sport- und Schwimmunterricht, die Darstellung des Islam in Schulbüchern sowie Auswirkungen des Ramadan auf die Leistungsfähigkeit muslimischer Schülerinnen und Schüler. Beispiele:

Mit seiner Umfrage zur *Nichtteilnahme muslimischer Mädchen am Schwimmunterricht* unter den Kultusministerien der Länder hat das

Clearingprojekt im Sommer 2007 in eine Debatte eingegriffen, die zuvor stark von Halbwissen und Vorurteilen geprägt war. Die übereinstimmenden Aussagen aller 16 Kultusministerien der Länder ließen den Schluss zu, dass es sich bei der religiös begründeten Nichtteilnahme muslimischer Mädchen am Schwimmunterricht um Einzelfälle handelt, für die in der Regel Lösungen gefunden werden, die einen schonenden Ausgleich zwischen dem staatlichen Bildungs- und Erziehungsauftrag einerseits und der Religionsfreiheit andererseits zulassen. Gleichwohl ist das Projekt insbesondere im Einzelfall immer wieder mit den Kriterien und rechtlichen Voraussetzungen befasst, die der schulischen Entscheidung über Befreiung oder Nichtbefreiung muslimischer Schülerinnen und Schüler vom koedukativen Sport- und Schwimmunterricht zugrunde liegen.

Von Zeit zu Zeit erreichen das Clearingprojekt Eingaben, in denen Eltern muslimischer Schülerinnen und Schüler, vereinzelt aber auch Lehrkräfte um eine Einschätzung und Beurteilung bitten, ob Texte in *Schulbüchern*, die sich z.B. mit dem Islam, mit Integrationsfragen oder der Beschreibung des Alltags in muslimisch geprägten Ländern befassen, dazu geeignet sind, Vorurteile und Ablehnung zu schüren. Unsere Einschätzungen und Beurteilungen leiten wir, wenn uns Darstellungen als problematisch erscheinen, auch an die Schulbuchverlage weiter.

Das Clearingprogramm wird von Lehrerinnen und Lehrern angesprochen, die bei ihren muslimischen Schülerinnen und Schülern während des *Ramadan* eine *Leistungsverschlechterung* feststellen, die sie auf das Fasten (kein Essen und kein Wasser) und auf einen verschobenen Schlaf-Wach-Rhythmus zurückführen. Insbesondere bei Schülerinnen und Schülern in Abschlussklassen würden Ausbildungs- und Berufsperspektiven hiervon im Einzelfall stark beeinträchtigt. Das Projekt ist deshalb an verschiedene muslimische Organisationen herangetreten und hat um Stellungnahmen gebeten. Die auf der Homepage des Projekts zusammengestellten Rückmeldungen reichen von konkreten Anregungen, wie die negativen Folgen des Fastens zu minimieren sind bis hin zu Verweisen auf das islamische Prinzip der Erleichterung, nach dem es möglich wäre, das Fasten z.B. in einer Prüfungssituation auszusetzen.

Kopftuch

Regelmäßig ist das Clearingprojekt mit Eingaben betraut, bei denen die Kopftuchthematik im Mittelpunkt steht. Das ist eine Folge der Argumentationsmuster, mit denen nach dem Urteil des Bundesverfassungsgerichtes im Jahre 2003 in verschiedenen Bundesländern sogenannte Kopftuchverbotsgesetze hergeleitet wurden:

Das Bundesverfassungsgericht hatte in seinem Urteil vom 24. September 2003 (2 BvR 1436/02) ausgeführt, das Kopftuch könne verschiedenste Deutungen erfahren: *„Neben dem Wunsch, als verpflichtend empfundene, religiös fundierte Bekleidungsregeln einzuhalten, kann es auch als ein Zeichen für das Festhalten an Traditionen der Herkunftsgesellschaft gedeutet werden. In jüngster Zeit wird in ihm verstärkt ein politisches Symbol des islamischen Fundamentalismus gesehen, das die Abgrenzung zu Werten der westlichen Gesellschaft, wie individuelle Selbstbestimmung und insbesondere Emanzipation der Frau, ausdrückt. (...) die Forschungsergebnisse zeigen jedoch, dass angesichts der Vielfalt der Motive die Deutung des Kopftuchs nicht auf ein Zeichen gesellschaftlicher Unterdrückung der Frau verkürzt werden darf. Vielmehr kann das Kopftuch für junge muslimische Frauen auch ein frei gewähltes Mittel sein, um ohne Bruch mit der Herkunftskultur ein selbstbestimmtes Leben zu führen."*

Genau diese Mehrdeutigkeit wurde in den Gesetzgebungsverfahren der Länder in Abrede gestellt. Das muslimische Kopftuch wurde reduziert auf ein Symbol, das seine Trägerin entweder als Unterstützerin oder als Opfer einer politischen Lesart des Islam ausweist. Und dieses exklusive Deutungsmuster konnte nicht ohne Folgen und Auswirkungen auf die verschiedensten Lebens- und Arbeitsbereiche muslimischer Frauen bleiben: Denn ein solchermaßen definiertes Symbol hat nicht nur auf dem Kopf der Lehrerin, sondern auch auf dem Haupt der Schülerin, der Erzieherin im Kindergarten, der Praktikantin oder der Kollegin keine Existenzberechtigung.

Das Clearingprojekt ist immer wieder mit Eingaben muslimischer Eltern befasst, nach denen Schulen – oft in Zusammenarbeit mit der Elternschaft oder mit Fördervereinen – im Zuge der Erarbeitung verbindlicher Schul- oder Verhaltensordnungen oder im Zuge der Erarbeitung eines Schulprofils Regeln aufstellen, die muslimischen Schülerinnen das Tragen des Kopftuchs unmöglich machen sollen: „Ich trage in der Schule angemessene Kleidung und keine Kopfbedeckung im Unterricht." So oder ähnlich lauten die Klauseln, wegen denen sich muslimische Schülerinnen oder Eltern an das Clearingprojekt wenden. In mehreren Fällen konnte das Clearingprojekt durch erläuternde Hinweise auf die diesbezügliche Rechtslage und entsprechende Auskünfte der Kultusministerien mit dazu beitragen, dass in den schließlich verabschiedeten Selbstverpflichtungen/Schulordnungen o.ä. ausdrücklich geregelt wurde, dass religiös begründete Kopfbedeckungen von dem Verbot ausgenommen sind.

Der wohl bekannteste Fall in Zusammenhang mit der Frage des Kopftuchs auf dem Haupt der Schülerin hat sich im Schuljahr 2008/2009 in einer Schule in Nordrhein-Westfalen zugetragen. Im einem Elternbrief für das Schuljahr 2008 teilte der Schulleiter mit: *"Das Tragen von Kopfbedeckungen während des Unterrichts ist nicht erlaubt. Dies gilt gleichermaßen auch für das Tragen von Kopftüchern aus religiösen Gründen. Wir leben in einem Land, das an christlichen und demokratischen Werten orientiert ist. Das Kopftuch wird von uns als Symbol der Unterdrückung der Frau und fehlender Gleichberechtigung betrachtet. Es widerspricht somit nicht nur den entsprechenden Bestimmungen des Grundgesetzes, sondern auch den Werten, die wir unseren Schülerinnen und Schülern vermitteln wollen und die in unserem Schulprogramm verankert sind. Das Tragen von Kopftüchern ist deshalb an unserer Schule unerwünscht. Wer unbedingt möchte, dass seine Tochter in der Schule ein Kopftuch trägt, sollte sich gut überlegen, ob die (...) Schule die richtige Schule für seine Weltanschauung und seine Tochter ist."* Nach Intervention unter anderem auch des Clearingprojekts hat die Bezirksregierung Düsseldorf in einer Pressemitteilung am 13. Oktober 2008 mitgeteilt, dass in einem Gespräch mit dem Schulleiter der Düsseldorfer Anne-Frank-Realschule klargestellt worden sei, *"dass es eine rechtliche Grundlage für ein Kopftuchverbot im Schulgesetz des Landes NRW nicht gibt, so dass es Schulen nicht möglich ist, Schülerinnen, die Kopftücher aus religiösen Gründen tragen, dieses generell zu verbieten. Auch der Beschluss der Schulkonferenz der Anne-Frank-Realschule, eine einheitliche Schulkleidung einzuführen, biete hierfür keine rechtliche Grundlage."*[19]

---

19 Pressemitteilung 132/2008 der Bezirksregierung Düsseldorf vom 13.10.2008: Kein Kopftuch-Verbot an Düsseldorfer Realschule.

Vielfach konfrontiert war das Clearingprojekt auch mit Eingaben junger Frauen, die während der *Berufsausbildung oder der Berufsfindung* wegen ihres Kopftuches Einschränkungen erfahren haben. Beispiel: Eine kopftuchtragende junge Frau will Hebamme werden und absolviert in einem nicht konfessionellen Krankenhaus ein Praktikum. Nach den ersten drei Wochen wird sie von der Pflegedienstleitung aufgefordert, das Kopftuch aus hygienischen Gründen abzulegen. Die junge Frau ist hierzu nicht bereit. Sie vermutet hinter dieser Aufforderung Patientenbeschwerden und beendet das Praktikum vorzeitig. Das Clearingprojekt schaltet sich ein und schafft die Möglichkeit zu einem Gespräch, in dem beide Seiten ihre Positionen austauschen können.

Ein mehrfach zu bearbeitendes Problem war auch die Frage des Kopftuchs auf einem *Lichtbildausweis bzw. dem Führerschein*. Trotz recht eindeutiger Rechtssituation haben sich im Projektzeitraum mehrere muslimische Frauen insbesondere im Rahmen der Beantragung einer Fahrerlaubnis an das Clearingprojekt gewandt und darüber informiert, dass Führerscheinstellen nicht bereit seien, ein Lichtbild mit Kopftuch anzunehmen. Das Clearingprojekt hat in solchen Fällen zunächst die betroffenen Frauen über die Rechtslage informiert und damit in die Lage versetzt, den Behörden gegenüberzutreten.

Benachteiligung beim Zugang zu privaten Dienstleistungen

Das Clearingprojekt befasst sich häufig mit Eingaben, in denen Muslime anführen, dass ihnen der Zugang zu einer privaten Dienstleistung wegen ihres tatsächlichen oder zugeschriebenen religiösen Bekenntnisses verweigert wurde. Beispiele hierfür sind *Wohnungsvermietungen, Mitgliedschaften in Sport- oder Fitnessclubs oder Zutritt zu gastronomischen Betrieben*. In solchen Fällen ergeben sich in der Praxis klare Bezüge zu dem seit August 2006 in Kraft getretenen Allgemeinen Gleichbehandlungsgesetz. Auch die Nachweisproblematik, mit der das Gleichbehandlungsgesetz behaftet ist, stellt sich in ähnlicher Form. Es ist im Einzelfall oft nicht oder nur schwer möglich, den Nachweis zu führen, dass tatsächlich eine Benachteiligung oder Diskriminierung stattgefunden hat. In diesen Fällen kann das Clearingprojekt für sich zwar nicht in Anspruch nehmen, der konkret betroffenen Person geholfen zu haben; es ist aber davon auszugehen, dass alleine durch die Anfrage des Clearingprojekts z.B. bei einem Fitnessstudio oder einem Restaurant eine Sensibilisierung erfolgt, die dazu führt, dass diskriminierendes Verhalten nicht mehr ohne weiteres in die Zukunft fortgeschrieben wird.

Probleme in Beziehungen zwischen Muslimen und Nicht-Muslimen

Regelmäßig wird des Clearingprojekt um Rat und Unterstützung im Falle von Problemen in Beziehungen zwischen einem muslimischen und einem nichtmuslimischen Partner gebeten. Neben Streitfragen um die religiöse Erziehung von Kindern nach dem Ende der Partnerschaft stehen immer wieder Konstellationen im Raum, in denen der/die nichtmuslimische Partner/in von den Eltern des/der muslimischen Partners/Partnerin nicht akzeptiert bzw. wegen dieser Befürchtung eine Beziehung nicht eingegangen oder geheimgehalten wird. In solchen Fällen vermitteln wir in der Regel in kompetente Beratungsstrukturen vor Ort oder bieten den Kontakt zu muslimischen Persönlichkeiten an, die zu einem Gespräch mit den Eltern oder zur Vermittlung zwischen den streitenden Partnern bereit sind.

Diskriminierung anderer Minderheiten durch Muslime

Oft erreichen das Clearingprojekt Eingaben und Anfragen, in denen zumeist Nichtmuslime auf problematisches, integrationsfeindliches und/oder diskriminierendes Verhalten auf muslimischer Seite hinweisen. Die Spannbreite solcher Eingaben und Anfragen reicht von globalen kritischen Nachfragen zur Positionierung von Funktionären muslimischer Verbänden im Spannungsfeld von Grundgesetz und islamischen Rechtsvorstellungen über Klagen, nach denen muslimische Verbände andere religiöse Minderheiten aus bekenntnisübergreifenden Diskussionsforen und interreligiös ausgerichteten runden Tischen fernhalten bis hin zu Hinweisen auf die Verbreitung homophober oder antisemitischer Schriften und Flugblätter im Umfeld von Moscheen oder in Verbandzeitschriften und Eingaben, in denen Betroffene darauf hinweisen, dass ihnen das Betreten der Moschee z. B. am „Tag der offenen Moschee" verweigert worden sei.

In Fällen, in denen die Anfragen konkrete Vorhaltungen machen, nimmt das Clearingprojekt Kontakt auf und bittet die Gegenseite um

Stellungnahme und Reaktion. Damit ist es in der alltäglichen Praxis vielfach gelungen, missverständliche Sachverhalte aufzuklären, die Versicherung zu erhalten, dass Missstände behoben werden oder konkrete Verhaltensänderungen zu erreichen.

Suche nach konstruktiven Lösungen in schwierigen Sachfragen

Das Clearingprojekt war seit seinem Bestehen immer wieder Ansprechpartner wenn es darum ging, in schwierigen Sachfragen kultursensible Lösungen zu finden, die die Interessen von Muslimen und Nichtmuslimen gleichermaßen berücksichtigen. Dabei ging und geht es in oftmals intensiven und zeitaufwendigen Beratungen beispielsweise um die folgenden Problemstellungen:

- Wie sollte verfahren werden, wenn Angehörige darum bitten, während ihres Abschieds von einem verstorbenen Muslim das Kreuz in dem Abschiedsraum eines nicht konfessionellen Krankenhauses zu verhüllen oder vorübergehend zu entfernen?

- Wie lassen sich Stundenpläne bei Bildungsmaßnahmen gestalten, die auf die religiöse Praxis von Muslimen – Freitag als „Feiertag" oder Termine muslimischer Feste und Gebetszeiten – im Rahmen des Möglichen Rücksicht nehmen?

- Wie können Betriebsfeiern z.B. anlässlich von Mitarbeiterjubiläen organisiert und ausgerichtet werden, damit Muslime und Nichtmuslime gleichermaßen problemlos und mit Freude daran teilnehmen können?

- Wie kann man die speziellen Erwartungen von Muslimen in der Alten- oder in der Krankenpflege oder im Krankenhausalltag angemessen berücksichtigen?

- Wie lassen sich Projekte der Drogenhilfe bzw. der Suchtprävention so gestalten, dass auch muslimische Jugendliche und Heranwachsende sowie deren Eltern erfolgreich beteiligt werden können?

Entwicklung und Mitarbeit an Konzepten und themenorientierten Projekten

Beraten durch eine Arbeitsgruppe, der neben Vertretungen des Interkulturellen Rates auch Bekir Alboğa (Türkisch-Islamische Union der Anstalt für Religion, DITIB), Prof. Dr. Heiner Bielefeldt (Deutsches Institut für Menschenrechte), Naime Cakir (Hessisches Islamforum) und Dr. Sabine Schiffer (Institut für Medienverantwortung, Erlangen) angehörten, hat das Clearingprojekt im Herbst 2008 seine Positionen zur Überwindung von Islamfeindlichkeit veröffentlicht. Die Broschüre mit dem Titel „Das Islambild verändern" hat viele kontroverse Diskussionen ausgelöst und war unter anderem auch der Impulsgeber für den vorliegenden Sammelband. Die Broschüre liegt mittlerweile in 2. Auflage vor und wurde etwa 4.000 Mal versendet.

Zudem wurde die Expertise des Clearingprojekts seit seinem Bestehen immer wieder von der Politik, Verwaltung und der Wissenschaft angefragt und bei der Erarbeitung kultursensibler Konzepte hinzugezogen. Beispiele:

- Beratung bei der Entwicklung von Konzepten zur Prävention oder zur Überwindung von Suchtkrankheiten. Was ist in Projekten zu bedenken, die auch Muslime und deren Familien erreichen wollen? Mitarbeit an Konzepten der aufsuchenden Drogenarbeit, mit dem auch junge abhängige Muslime und ihre Familienangehörige erreicht werden sollen.

- Beratung bei der Erarbeitung kommunaler Integrationskonzepte oder Vermittlung von Kontakten zu kommunalen Stellen, die solche Konzepte schon in der Vergangenheit entwickelt und realisiert haben.

- Beratung von Organisationen und Einrichtungen, die Studien und Umfragen im Themenfeld „Islam und Muslime" durchführen. Mitgewirkt haben wir beispielsweise an dem Fragebogen der Bertelsmann-Stiftung im Rahmen des sogenannten Religionsmonitors oder an der im Frühjahr 2009 veröffentlichten Studie von Human Rights Watch zur Diskriminierung kopftuchtragender Frauen in der Bundesrepublik Deutschland.

Beantwortung von Informationsanfragen

Das Clearingprojekt erreicht eine Vielzahl von Informationsanfragen, die zeitnah und in der Regel ausführlich beantwortet werden. Es ist zu begrüßen, dass bei Journalisten, zivilgesellschaftlichen Organisationen, aber auch bei Einzelpersonen großes Interesse bezüglich des muslimischen Lebens in Deutschland vorhanden ist. Abschließend sollen einige Themenbereiche benannt werden, zu denen das Clearingprojekt seit seinem Bestehen besonders viele oder besonders interessante Anfragen erhalten hat:

- Hintergründe der sogenannten Regensburger Rede von Papst Benedikt XVI.;

- „Klarheit und gute Nachbarschaft" – Handreichung der EKD zum Zusammenleben mit Muslimen;

- Einordnung der Studie „Integration und Integrationsbarrieren von Muslimen in Deutschland" von Wetzels/Brettfeld;

- Thema Türkei auf der Frankfurter Buchmesse (inkl. der Integrationsthematik und der Absage des Mohammed-Look-Alike-Wettbewerbs der Satire-Zeitschrift Titanic);

- Hintergründe zur Delinquenz von Jugendlichen mit Migrationsgeschichte (im Zuge des hessischen Landtagswahlkampfs im Jahre 2008);

- Hintergründe zu der gegen den Bau einer Moschee gerichteten „PRO Köln"-Veranstaltung im September 2008;

- Anfragen zur Pflegesituation für Muslime in Deutschland;

- Asyl in der Moschee – Bereitschaft und rechtliche Rahmenbedingungen der Gewährung von Moscheeasyl an abgelehnte muslimische Asylbewerber.

Das Clearingprojekt informiert bei solchen Anfragen in direkten Gesprächen, durch Stellungnahmen, durch Literaturhinweise oder durch die Vermittlung von Kontakten und Gesprächspartnern.

Viele Anfragen und Eingaben insbesondere von Nichtmuslimen, die das Clearingprojekt erreichen, ähneln sich und haben mit dem alltäglichen Zusammenleben von Muslimen und Nichtmuslimen zu tun. Meist liegen diesen Anfragen Unkenntnis, Unsicherheit oder ein Missverständnis zu Grunde. Das Projekt hat deshalb eine Broschüre erarbeitet, die „Einfach fragen! Alltag mit Muslimen" heißt und über einige für viele Muslime im Alltag relevante religiösen Gebote und Verhaltensweisen informiert.

Lebensbereiche, die in der Broschüre angesprochen werden, sind „Essen und Trinken", „Religiöse Feste im Jahreslauf", „Gebete und Gebetszeiten" und persönliche Begegnungen in unterschiedlichsten Zusammenhängen. Sie richtet sich an alle, die an einem guten Zusammenleben interessiert sind. Besonders angesprochen werden Verantwortliche, die den Alltag z.B. im Betrieb, in öffentlichen Einrichtungen oder in Institutionen organisieren. Ihnen werden Hilfestellungen gegeben, um Abläufe so gestalten zu können, dass auch die Belange von Muslimen berücksichtigt werden. Die Broschüre wurde zwischenzeitlich zweimal nachgedruckt und in etwa 10.000 Exemplaren versendet.

Presse- und Öffentlichkeitsarbeit

Zu einzelnen Arbeitsergebnissen – z.B. „Ramadan im Schulalltag", Vorstellung der Broschüre „Das Islambild verändern" – veröffentlicht das Clearingprojekt Pressemitteilungen oder veranstaltet Pressegespräche. In der Regel werden diese Mitteilungen von den großen Nachrichtenagenturen aufgegriffen und finden Niederschlag in vielen regionalen und überregionalen Tageszeitungen.

Das Clearingprojekt hat sich und seine Arbeitsergebnisse regelmäßig und immer wieder in Gremien und Netzwerken vor- und zur Diskussion gestellt. Zudem wurden für das Projekt relevante Themen kontinuierlich im zivilgesellschaftlichen Netz gegen Rassismus, im Forum gegen Rassismus beim Bundesministerium des Innern, in gewerkschaftlichen Zusammenschlüssen, dem Deutschen Islamforum und den Mitgliederversammlungen des Interkulturellen Rates erörtert.

Perspektiven und Grenzen des Projekts

Was haben wir erreicht?

- Wir haben in Einzelfällen aufklären oder Eingebenden zu ihrem Recht verhelfen können.

- Wir haben verschiedene gesellschaftliche Debatten wie z.b. die Frage nach der Teilnahme muslimischer Mädchen am Schwimmunterricht oder der Vereinbarkeit von Ramadan und Schulalltag ein Stück weit versachlichen können.

- Wir haben z.B. mit der Beantwortung von Einzelanfragen und der Erarbeitung von Informationsbroschüren erfolgreich Informationsarbeit geleistet.

- Wir haben in konkreten Einzelfällen wirkungsvoll Unterstützung bei der Suche nach konstruktiven Lösungen in schwierigen Sachfragen leisten können.

- Wir haben in Einzelfällen, in denen keine befriedigende Klärung des Sachverhalts herbeigeführt werden konnte, Sensibilisierungsarbeit geleistet, die möglicherweise dazu führt, dass diskriminierendes Verhalten nicht weitergeführt wird.

- Wir haben bei der Erstellung von Konzepten zur Bearbeitung relevanter gesellschaftlicher Herausforderungen dazu beigetragen, dass Muslime und deren Belange mit bedacht und einbezogen wurden.

Wo sind Probleme?

- Die finanziell und personell limitierte Öffentlichkeitsarbeit, fehlende Kenntnis der Sprache vieler Muslime in Deutschland und auch die Tatsache, dass der Interkulturelle Rat als Träger des Clearingprojekts von Muslimen zu Recht nicht als muslimische Organisation angesehen wird, führen dazu, dass sich weniger Muslime an uns wenden als vorstellbar und wünschenswert wäre.

- Zugleich wird der Interkulturelle Rat als Träger des Projekts von islamkritischen bis islamfeindlichen Strukturen und Personen nicht als neutrale Stelle betrachtet, an die man sich wenden kann, wenn man bei Muslimen oder ihren Organisationen problematisches Verhalten zu beobachten glaubt. In deren bipolarer Wahrnehmung sind der Interkulturelle Rat und das „Clearingprojekt: Zusammenleben mit Muslimen" mehr Partei als neutraler Schlichter.

- Das Clearingprojekt ist ausgestattet bestenfalls mit einer moralischen Autorität und dem Hinweis auf Förderung durch das Bundesministerium des Innern und das Bundesamt für Migration und Flüchtlinge. Wer – insbesondere von privater Seite – sich nicht auf unser Angebot einer Klärung/Schlichtung einlässt, den können wir nicht zwingen. Wir können uns wiederholt aufdrängen, aber ein Handhabe gegen Mitarbeitsverweigerung haben wir nicht. In solchen Fällen bleibt erfahrungsgestützte Überzeugung, dass wir zur Sensibilisierung haben beitragen können.

Fazit

Das Clearingprojekt hat sich in vielen Einzelfällen als tauglich und hilfreich erwiesen, wenn es darum geht, konkrete Konflikte zu lösen. Deutlich öfter kann es einen Beitrag dazu leisten, aufkommende Konflikte und ihre Austragung zu versachlichen oder von vornherein durch den Ausgleich von Interessen Konflikte nicht entstehen zu lassen.

Das Projekt ist eine Art Lackmuspapier für den Stand des Zusammenlebens von Muslimen und Nichtmuslimen in Deutschland. Der Eindruck nach nunmehr fast drei Jahren Arbeit: Es gibt zweifellos Probleme, aber es gibt auch sehr viel Normalität, die insbesondere medial aber auch in der Alltagswahrnehmung viel zu wenig beachtet wird. Es ist eine der wichtigsten Aufgaben dieses und weiterer Projekte zum Zusammenleben mit Muslimen, einen Beitrag dazu zu leisten, dass diese Normalität nicht aus dem Blick gerät. Oder, wie Prof. Dr. Heiner Bielefeldt, der Direktor des Deutschen Instituts für Menschenrechte in diesem Zusammenhang gesagt hat: „Wir dürfen nicht vergessen, wie sexy Normalität ist!"

Anhang

1. Interkultureller Rat

**Das Islambild verändern.
Positionen zur Überwindung von Islamfeindlichkeit**

Ablehnende Einstellungen gegenüber Muslimen sind in Deutschland und Europa weit verbreitet. Der gesellschaftliche Frieden wird dadurch belastet. Das „Clearingprojekt: Zusammenleben mit Muslimen" beim Interkulturellen Rat befasst sich seit zwei Jahren mit alltäglichen Konflikten zwischen Muslimen und Nichtmuslimen. Daraus wurden die folgenden Gedanken und Anregungen entwickelt, die zu einem konstruktiven und demokratischen Miteinander beitragen wollen. Viele Aspekte des Themas können in diesem Papier nur kurz angesprochen werden. Das Ziel ist es, eine öffentliche Debatte anzustoßen und damit den gesellschaftlichen Frieden zu fördern.

Zur Ausgangslage

Eine repräsentative Umfrage des Instituts für Demoskopie in Allensbach vom Mai 2006 kommt zu dem Ergebnis, dass die Vorstellungen der Mehrheit der Menschen in Deutschland über den Islam sich im Vergleich zu Erhebungen aus dem Jahre 2004 „spürbar verdüstert" haben. 91 Prozent der Befragten denken bei dem Stichwort Islam an die Benachteiligung von Frauen, 83 Prozent teilen die Auffassung, der Islam sei von Fanatismus geprägt. 62 Prozent der Befragten stimmen der Aussage zu, der Islam sei rückwärtsgewandt und 60 Prozent sind der Auffassung, er sei undemokratisch. Die Eigenschaft der Friedfertigkeit gestehen dem Islam lediglich acht Prozent der Befragten zu (Vgl.: Noelle, E. und Petersen, T.: Eine fremde, bedrohliche Welt. Frankfurter Allgemeine Zeitung 17.5.2006, S. 5).

Verbreitetes Unbehagen und Angst führen nach den Ergebnissen der Allensbach-Studie dazu, dass bei der Mehrheit der Nichtmuslime in Deutschland eine große Bereitschaft festgestellt werden muss, Muslimen fundamentale Rechte zu beschneiden. So teilen 40 Prozent der Befragten die Auffassung, die Ausübung der islamischen Religion in Deutschland sollte stark eingeschränkt werden um zu verhindern, dass es zu viele gewaltbereite Muslime gibt. 56 Prozent der Befragten stimmen der Aussage zu, dass es in Deutschland verboten sein sollte, Moscheen zu bauen, solange es in manchen islamischen Ländern verboten ist, Kirchen zu bauen. Und 74 Prozent der Befragten sind der Auffassung, eine Moschee solle auch dann nicht gebaut werden, wenn die Behörden dem Bau zugestimmt haben, aber die Bevölkerung vor Ort sich dagegen ausspricht. Diese mehrheitlich geäußerten Meinungen stehen im Widerspruch zu der in unserer Verfassung garantierten Religionsfreiheit.

Viele Muslime haben den Eindruck, von Teilen der Gesellschaft abgelehnt und mit Misstrauen beäugt zu werden. Das zeigt u.a. die am 18. Dezember 2007 vom Bundesministerium des Innern vorgestellte Studie von Peter Wetzels und Katrin Brettfeld zum Thema „Integration und Integrationsbarrieren von Muslimen in Deutschland". Demnach sind die meisten der befragten Muslime zwar der Überzeugung, ihre Religion in Deutschland frei praktizieren zu können. Zugleich aber fühlt sich jeder Dritte von Nichtmuslimen pauschal abgelehnt.

Diese empirischen Befunde werden auch von anderen Untersuchungen wie der seit einigen Jahren durchgeführten Langzeitstudie zur gruppenbezogenen Menschenfeindlichkeit von Wilhelm Heitmeyer (Deutsche Zustände – Folgen 1 bis 5) bestätigt.

Demnach müsste der Alltag von Muslimen und Nichtmuslimen vor allem durch Konflikte geprägt sein. Das „Clearingprojekt: Zusammenleben mit Muslimen" beim Interkulturellen Rat sammelt und analysiert alltägliche Konflikte im Zusammenleben. Tatsächlich sind Spannungen und Auseinandersetzungen nicht zu übersehen. Fehlende Kommunikation, Vorurteile, Missverständnisse und unterschiedliche Interessen führen zu Konflikten. Die Projektergebnisse zeigen dennoch ein durchaus verträgliches Miteinander im Alltag. Konflikte können häufig durch einen schonenden Interessensausgleich bearbeitet und gelöst werden. Das alltägliche Miteinander ist pragmatisch und kann vielfach auch als gut bezeichnet werden. Spannungen und Konflikte beim Moscheebau, Schwimmunterricht oder Klassenfahrten in Schulen werden in Medien häufig übertrieben dargestellt. Das trägt zu einem einseitigen Bild bei.

Es gibt ein breites Spektrum unterschiedlicher Einstellungen zum Islam und zu Muslimen. Zu unterscheiden sind:

- Die Idealisierung des Islam und der Muslime, mit der Konflikte beispielsweise mit Menschenrechten und im Alltag grundsätzlich in Abrede gestellt werden.

- Kritisches Interesse gegenüber dem Islam und den Muslimen, das in Anfragen z.B. zur Vereinbarkeit der Grundwerte des Islam mit den Idealen der Menschen- und Grundrechte zum Ausdruck kommt.

- Ein Unbehagen, das aus Unkenntnis und negativen persönlichen Erfahrungen und Berichten herrührt.

- Islamophobie, die auf oftmals diffusen Ängsten mit unterschiedlichen Ursachen beruht.

- Islamfeindlichkeit, bei der Muslime herabwürdigend beurteilt und Diskriminierungen befürwortet werden.

Gelegentlich werden antiislamische mit antisemitischen Einstellungen gleichgesetzt. Muslime in Deutschland teilen viele Diskriminierungserfahrungen und Ausgrenzungsmechanismen mit Juden und anderen religiösen, kulturellen und ethnischen Minderheiten in Geschichte und Gegenwart. Angesichts der eliminatorischen Qualität des Antisemitismus und der Shoa können antisemitische und antiislamische Einstellungen aber nicht gleichgesetzt werden. Es gilt wachsam zu bleiben gegenüber allen Versuchen, die Singularität der Ermordung der europäischen Juden im Dritten Reich durch solche Vergleiche absichtlich oder faktisch zu nivellieren.

Ursachen und Motive ablehnender Einstellungen

Soziologie und Psychologie zeigen auf, dass die eigene Identität ausgebildet wird, indem ein Gegenüber konstruiert und als „fremd" definiert wird. Hieraus resultieren Ausgrenzungsmechanismen, die Differenzen zwischen „uns" und den „anderen" betonen und vergrößern. Die Ursachen und Motive für ablehnende Einstellungen speziell gegenüber dem Islam und den Muslimen sind komplex und vielfältig. Im Folgenden sind einige Faktoren zusammengestellt. Die Reihenfolge enthält keine Gewichtung. Fast jede einzelne Ursache wiegt für sich schwer.

1. Historische Belastungen: Islamfeindliche Einstellungen haben sich seit den Kreuzzügen, den „Türken vor Wien" bis in die Zeit des Kolonialismus verdichtet. Die europäische Identität wurde u.a. dadurch geprägt. Nach dem Antikommunismus scheinen antiislamische Einstellungen eine identitätsstiftende Funktion zu erhalten.

2. Religiöse Wahrheitsansprüche: Die monotheistischen Religionen und ihr Wahrheitsanspruch begünstigen möglicherweise ablehnende Einstellungen gegenüber Angehörigen anderer Religionen. Diese Einstellungen vermischen sich häufig mit Vorurteilen. So gehört die Ablehnung von Muslimen und die Abwertung islamischer Glaubensvorstellungen seit der Ausbreitung des Islams zu den Merkmalen christlicher Religion. Zwar gab es auch immer wieder Bemühungen um ein besseres gegenseitiges Verständnis wie z.B. in Lessings „Nathan der Weise" oder bei christlich-islamischen und abrahamischen Projekten der letzten Jahrzehnte. Dennoch werden Angehörige anderer Religionsgemeinschaften im Zuge der Identitäts- und Profilbildung vielfach ausgegrenzt. Die Ausgrenzung von Muslimen im Namen der christlichen Religion ist auch in Teilen der Staatsrechtsliteratur und in der Publizistik verbreitet.

3. Lücken in Lehr- und Bildungsplänen: Die Einflüsse des Islam in den Bereichen Mathematik, Medizin, Architektur, Philosophie, Malerei, Literatur oder Musik finden in der schulischen und außerschulischen Bildung keine angemessene Würdigung. Muslimisch geprägte Länder und ihre Kultur werden kaum beachtet oder auf fremdartige und problematische Phänomene und Ereignisse reduziert – dies trifft auch allgemein auf angeblich „weniger entwickelte" Länder z.B. in Afrika oder Lateinamerika zu.

4. Angst vor Terrorismus: Terror, der mit dem Islam begründet wird, ist medial fast täglich über Bilder aus dem Irak und aus Afghanistan gegenwärtig. Terroranschläge in New York, Madrid oder London und versuchte Anschläge in Deutschland sind präsent und machen Menschen so betroffen, dass viele den Terror grundsätzlich mit dem Islam in Verbindung bringen. Distanzierungen der relevanten muslimischen Verbände in Deutschland gegenüber terroristischen Akten, die sich auf den Islam berufen, wurden kaum beachtet und haben daran wenig verändert.

5. Politische Kampagnen: Insbesondere im Zusammenhang mit Wahlkämpfen gibt es politische Kampagnen, die mit populistischen Unterstellungen agieren und sich an unterschiedlichen Themen festmachen: Kopftuch, Scharia, Schächten, Konvertiten, eine angeblich religiös sanktionierte Erlaubnis zur Täuschung (Taqiyya) oder ein Verbot von Minaretten. In vielen solcher Kampagnen werden eigentlich ökonomische oder sozio-kulturelle Debatten willkürlich „islamisiert".

6. Stereotype Berichterstattung in den Medien: Negative Darstellungen von Muslimen in den unterschiedlichen Medien bleiben stärker im Bewusstsein haften und bestätigen Vorurteile. Die verbreiteten positiven Erfahrungen des guten Zusammenlebens von Muslimen und Nicht-Muslimen werden kaum zu den guten Sendezeiten und auf den Titelseiten dargestellt. Gute Nachrichten sind – wie bei den meisten anderen Themen auch – keine Nachrichten. In der Berichterstattung über innerfamiliäre Gewalt wird bei Muslimen statt – wie sonst üblich – von einer „Familientragödie" nahezu reflexartig von einem „Ehrenmord" berichtet. Differenzierungen und detaillierte Betrachtungen unterbleiben oft.

7. Vorschnelle Ableitung menschenrechtswidriger Praktiken aus der Religion: Zwangsverheiratung oder sogenannte „Ehrenmorde" werden ursächlich mit dem Islam in Verbindung gebracht, auch wenn sie nicht nur unter Muslimen zu beobachten sind und wenn Muslime ebenso wie die muslimischen Verbände in Deutschland solche Taten verurteilt haben. Dies gilt ebenso für die Frauenbeschneidung, die auch in christlich geprägten afrikanischen Ländern vorkommt, aber vor allem Muslimen zugeordnet wird.

8. Vordergründige Debatten über Jugendkriminalität: In der Diskussion über Delinquenz von Jugendlichen werden soziale Ursachen und Hintergründe weitgehend außer acht gelassen. Stattdessen und im Widerspruch zu soziologischem Fachwissen wird immer wieder auf das Merkmal der Religionszugehörigkeit oder der ethnischen Herkunft verwiesen. Damit verfestigt sich das Bedrohungsszenario einer stark gewaltbereiten muslimischen Jugend, die in Deutschland heranwächst.

9. Islamfeindliche Positionen und Einstellungen werden auch von Muslimen formuliert: Manche muslimische Migrant/-innen und

ihre Organisationen, muslimische Islamkritiker/-innen und „Ex-Muslime" greifen verbreitete Vorurteile gegenüber Muslimen bestätigend auf und prägen damit maßgeblich die öffentliche Diskussion.

10. Angstpropaganda: In manchen Debatten zur Bevölkerungsentwicklung in Deutschland wird fälschlicherweise ein Szenario aufgebaut, nach dem die nichtmuslimische Bevölkerung in Deutschland aussterben und Muslime in absehbarer Zeit die Mehrheit stellen würden. Es werden Ängste verbreitet, indem in diesem Zusammenhang von einer „schleichenden" Islamisierung der deutschen Gesellschaft gesprochen wird.

11. Angst vor Außensteuerung: Manche Entscheidungen muslimischer Einrichtungen werden von den Herkunftsländern mit beeinflusst. Die dort Verantwortlichen kennen oftmals die deutsche Situation nicht und haben dafür eine unzureichende Sensibilität. Dadurch kann eine konstruktive Integrationsarbeit muslimischer Verbände in Deutschland erschwert und behindert werden.

12. Angeblicher Antagonismus zwischen Islam und Moderne: Verbreitet ist die Ansicht, dass Islam und Moderne nicht vereinbar seien. Für manche Gruppierungen wie die Salafiten und Wahhabiten dürfte das auch zutreffen. Daraus entsteht die Sorge, dass die in einer langen Geschichte erreichten menschenrechtlichen Standards wieder reduziert werden, wenn islamische Wertvorstellungen stärkeren Einfluss gewinnen.

13. Gesellschaftlicher Rückzug als Reaktion auf Diskriminierungserfahrungen: Muslime sind auf dem Wohnungs- und Arbeitsmarkt, im Bildungssystem sowie beim Zugang zu Dienstleistungen vielfach von Ausgrenzungen und Diskriminierungen betroffen. Das trägt bei manchen zur Abwendung von der nicht-muslimischen Mehrheit und zur Ausbildung eigener Infrastrukturen bei. Das wird in der öffentlichen Diskussion meist ausschließlich den Muslimen angelastet und als gewollte Abschottung missdeutet.

14. Irritierende, teils auch rechtswidrige Verhaltensweisen bei Muslimen: Es gibt bei manchen Muslimen religiös oder kulturell bedingte Verhaltensweisen, die Nicht-Muslime häufig befremden

und auf die sie nicht vorbereitet sind: Es geben z.B. manche muslimische Frauen den Männern keine Hand oder sie verhüllen ihr Gesicht. Solche Verhaltensweisen verstärken Vorurteile und irritieren oftmals auch Muslime. Als problematisch ist die auch bei Muslimen zu beobachtende Ablehnung von Homosexualität zu thematisieren.

In der öffentlichen Debatte werden menschenrechtswidrige Praktiken wie die Ausübung körperlicher Gewalt oder die Zwangsverheiratung ausschließlich auf religiöse Motive reduziert. Zwar haben die großen islamischen Verbände das Schlagen von Männern, Frauen und Kindern sowie die Zwangsverheiratung verurteilt. Allerdings dauert es lange, bis solche Positionen bei den Muslimen vor Ort ankommen. In seltenen Fällen werden aus den Herkunftsländern übernommene Traditionen wie z.B. die in Deutschland rechtswidrige Mehrehe fortgeführt.

15. Diskriminierende Einstellungen unter Muslimen: Aktuelle empirische Untersuchungen zeigen, dass insbesondere junge Muslime nicht nur Opfer von Vorurteilen und negativen Stereotypen sind, sondern in beachtlichem Maße auch deren Träger. Ablehnung und Vorurteile richten sich gegen die westliche Kultur und Gesellschaftsordnung im Allgemeinen sowie gegen andere Minderheiten in Deutschland. Vor allem antisemitische Einstellungen sind bei jungen Muslimen in Deutschland weit verbreitet (Vgl. Peter Wetzels und Katrin Brettfeld: „Integration und Integrationsbarrieren von Muslimen in Deutschland". Studie im Auftrag des Bundesministerium des Innern, vorgestellt am 18. Dezember 2007).

Der Katalog der Ursachen und Motive für ablehnende Einstellungen gegenüber Muslimen kann sicher noch erweitert werden. Sie sind so massiv und erdrückend, dass es großer Anstrengungen bedarf, hiergegen etwas nachhaltig und erfolgreich zu tun. Auf keinen Fall sind kurzfristig Erfolge zu erwarten, da auch Antworten entsprechend komplex sein müssen.

Konzepte zur Überwindung von Islamfeindlichkeit

Die Überwindung von antiislamischen Einstellungen gehört gegenwärtig zu den wichtigen Aufgaben in Deutschland. Durch islamfeindliches Verhalten kommt es zu Diskriminierungen und Menschenrechtsverletzungen. Der Integration und dem friedlichen Zusammenleben wird dadurch geschadet.

Erfahrungen haben gezeigt, dass rassistischen Einstellungen mit nachhaltigen Konzepten und Projekten entgegengewirkt werden kann. Allerdings ist oft zu beobachten, dass sich rassistische Denkweisen dann auf andere Gruppen verlagern. So gab es Ende der 60er Jahre eine Ablehnung von Italienern, Mitte der 70er Jahre folgten „die Ausländer". Ende der 70er Jahre standen Türken und in den 80er Jahren „die Asylanten" im Vordergrund. Inzwischen werden vor allem Muslime abgelehnt. Islamfeindlichkeit ist die gegenwärtig am meisten verbreitete Form von Rassismus.

Islamfeindliche Einstellungen haben lange vor dem 11. September 2001 bestanden. Schon seit den 90er Jahren ist eine „Islamisierung" von vormals anders wahrgenommenen Konflikten zu beobachten. Während Türken in den 80er Jahren noch als „Gastarbeiter" bezeichnet wurden, sind sie später immer stärker als „Muslime" angesehen worden.

Es ist durchaus denkbar, dass die Islamfeindlichkeit wieder zurücktritt und Ängsten vor einer „gelben Gefahr" oder anderen Vorurteilen weicht. Die Ablehnung von Muslimen scheint allerdings so tief verankert zu sein, dass sie möglicherweise dauerhaft bestehen bleibt bzw. jederzeit „reaktiviert" werden kann.

Während in den Köpfen der Islam und die Muslime abgelehnt werden, bringt man muslimische Bekannte oder Freunde damit nicht in Verbindung, wenn mit ihnen weitgehend positive Erfahrungen gemacht werden.

Islamfeindliche Einstellungen führen zu unterschiedlichen Formen von Diskriminierungen. Hier trägt der Staat eine besondere Verantwortung, da ihm aufgrund verfassungsrechtlicher und völkerrechtlicher Vorgaben eine Garantenfunktion für die Menschenrechte und damit auch für die Durchsetzung des menschenrechtlichen Diskriminierungsverbots zukommt. Der Staat ist in Folge dessen gefordert, gegen Diskriminierungen aktiv vorzugehen und dazu beizutragen, dass deren gesellschaftliche Ursachen – Vorurteile und stereotype Wahrnehmungen – überwunden werden können (Vgl.: Heiner Bielefeldt „Das Islambild in Deutschland", 2. aktualisierte Auflage 2008).

Staat und Gesellschaft haben darüber hinaus darauf zu achten, dass das grundlegende Menschenrecht auf Religionsfreiheit in keiner Weise eingeschränkt wird. Dazu gehört das Recht in eine Religion einzutreten, auszutreten, die Religion zu wechseln oder ohne Religion zu leben.

Der Staat kann und muss Rahmenbedingungen schaffen, die zu einem Abbau diskriminierender Einstellungen beitragen – in Bezug auf alle markierten Gruppen (Frauen, Behinderte, Obdachlose, Muslime). Gerade in Bezug auf die Diskriminierung von Muslimen gibt es weder Konzepte noch Programme. So fehlen im Entwurf für den Nationalen Aktionsplan gegen Rassismus der Bundesregierung vom Oktober 2007 Ausführungen zu islamfeindlichen Einstellungen in der Bevölkerung. Projekte zum Abbau von Diskriminierungen und Ausgrenzungen könnten gemeinsam mit Muslimen auch im Rahmen der Deutschen Islamkonferenz erarbeitet werden.

Es sind eigenständige Programme zu entwickeln, für die es in Deutschland bisher wenig Ansätze und Erfahrungen gibt. Noch immer gibt es Vorbehalte, die multikulturelle und multireligiöse gesellschaftliche Realität anzuerkennen. Gleichzeitig gilt es, eine Integration der Thematik in die allgemeine Antidiskriminierungsarbeit zu erreichen. Schon jetzt existieren positive Beispiele und Projekte, deren Förderung sinnvoll ist, ohne dass davon auszugehen ist, dass damit eine empirisch messbare Reduzierung islamfeindlicher Einstellungen erfolgt. Wenn es gelingt, Islamfeindlichkeit als ein vom Islam getrenntes Phänomen wahrzunehmen – wie das beim Antisemitismus gelungen ist – wäre ein erster wichtiger Schritt in Richtung Bewusstseinsbildung getan.

Grundlegende Ansätze

Im Folgenden sind grundlegende Ansätze zur Überwindung von Islamfeindlichkeit zusammengestellt:

1. Orte des guten Miteinanders können ausgebaut oder entwickelt werden, die in das Umfeld ausstrahlen und in besonderen Krisen aktivierbar sind. Diese Inseln wie Runde Tische, Interreligiöse Räte, Islamforen, christlich-islamische Gesellschaften, Stadtteilinitiativen, Kulturvereine usw. können vernetzt werden und öffentlichen Einfluss haben. Dafür bedarf es verstärkter öffentlicher Mittel.

2. Schulische Bildung und Erziehung haben eine vorrangige Bedeutung zur Überwindung von Islamfeindlichkeit. Interkulturelle Kompetenz ist in pluralistischen Gesellschaften unverzichtbar. In der schulischen Erziehung können die Impulse aus dem jüdischen, muslimischen und christlichen Leben für die deutsche Kultur vermittelt werden. Die hier bestehenden Zusammenhänge sind in Themenfeldern wie Mathematik, Medizin, Architektur, Philosophie, Malerei, Literatur, Religion, Musik und Geschichte deutlich zu machen. So hat die Aufklärung ihre Wurzeln auch in der Übernahme jüdischer und arabisch-muslimischer geistiger Einflüsse. Europäische Kultur ist ohne diese Bestandteile nicht zu verstehen. Die längst überfällige Überarbeitung und Ergänzung von Schulbüchern ist noch nicht erfolgt.

3. Islamischer Religionsunterricht: Zwischen allen Bundesländern besteht Konsens, dass ein islamischer Religionsunterricht erforderlich ist, der zur Qualifizierung der hier lebenden jungen Muslime und der interreligiösen Beziehungen beitragen kann und damit auch beim Abbau von Vorurteilen nützlich ist. Der Staat muss Modellprojekte auswerten und flächendeckend umsetzen, mit den Muslimen und den im Koordinationsrat zusammengeschlossenen Organisationen im Gespräch bleiben und den Religionsunterricht dynamisch weiterentwickeln. Voraussetzung hierfür ist der Auf- und Ausbau universitärer Strukturen zur Ausbildung von Lehrkräften.

4. Erwachsenenbildung und außerschulische Jugendarbeit haben angesichts der verbreiteten Unkenntnis große Aufgaben und Chancen. Sie können dazu beitragen, dass authentisch über Muslime sowie über bekannte Mechanismen der Gruppenwahrnehmung und des Zusammenlebens informiert wird. Ein Jugendaustausch mit jungen Menschen aus muslimisch geprägten Ländern kann viel zur gegenseitigen Verständigung beitragen – wie Erfahrungen belegen.

5. Religiöse Engführungen beenden: Die Verengung unterschiedlicher Konflikte auf religiöse Fragestellungen muss beendet werden. Wichtig sind vor allem soziale, kulturelle, ökonomische und politische Faktoren. In öffentlichen Debatten muss hier differenziert werden. Programme zur Überwindung von Konflikten dürfen nicht nur religiös ausgerichtet sein. Interreligiöse Dialoge sollten durch interkulturelle Kooperationen und Dialogkonzepte erweitert werden.

6. Themenbezogene Kooperationen: Zu wichtigen politischen, gesellschaftlichen und für die Zukunft relevanten Themen sind konkrete Kooperationen sinnvoll. Hier ist es möglich, bei der Arbeit an inhaltlichen Themen positive Erfahrungen zu sammeln und zu lernen, mit unterschiedlichen Positionen umzugehen. Partizipation in verschiedenen Lebensbereichen wie z.B. in Entscheidungsgremien ist dabei von grundlegender Bedeutung. Bei den themenbezogenen Kooperationen ist es wichtig, zu konkreten Ergebnissen zu kommen. Moscheegemeinden können dabei zu Partnern werden.

7. Innerislamischer Pluralismus: Es ist zu vermitteln, dass muslimische Gruppierungen und Einstellungen differenziert und vielfältig sind. Ähnlich wie die christlichen Gemeinden bilden Muslime in Deutschland keine einheitliche Gruppe. Hier – wie überall – gibt es eine Vielfalt unterschiedlich und teilweise gegensätzlich handelnder Subjekte, die eigenverantwortlich handeln. Es kann von Muslimen – wie auch von Christen und Juden – nicht erwartet werden, dass es bei ihnen nur einen Ansprechpartner gibt.

8. Konflikte qualifiziert bearbeiten: Es hat sich gezeigt, dass islamfeindliche Einstellungen durch unterschiedliche kontroverse Themen (z.B. Kopftuch, Schächten) verstärkt worden sind. Es sind muslimische und wissenschaftlich ausgerichtete Institutionen zu fördern, die bei Muslimen und Nichtmuslimen hohe Akzeptanz haben und bei der Entstehung neuer Themen schnell mit qualifizierten Informationen für die Öffentlichkeit zur Verfügung stehen. Es muss angestrebt werden, dass sich politische Parteien zur Emotionalisierung von Wahlkämpfen nicht dieser Themen bedienen.

Konkrete Aktionen

Aus den grundlegenden Ansätzen ergeben sich konkrete Aktionsformen, die in den folgenden Punkten aufgegriffen werden. Vor Ort gibt es bereits viele Bemühungen um ein verbessertes Zusammenleben von Muslimen und Nichtmuslimen und schon jetzt vielfach ein gutes Miteinander:

1. Zielgerichtete Aktivitäten entwickeln, bei denen es zu einem gemeinsamen Handeln kommt. Mögliche Aufgaben sind der Umweltschutz oder die Friedensarbeit z.b. in politischen Parteien, Akademien, Volkshochschulen, Universitäten, Bürgerinitiativen, Vereinen und Islamforen.

2. Dialogstrukturen zwischen Muslimen und dem Staat auf der Ebene des Bundes, der Länder und der Kommunen ausweiten bzw. aufbauen. Die Deutsche Islamkonferenz hat öffentlichkeitswirksam gezeigt, dass Gespräche mit Muslimen unterschiedlicher Prägung sinnvoll sind. Durch den Aufbau kommunaler und landesweiter Gesprächs- und Islamforen kann dieser Ansatz sinnvoll verbreitet werden. Dabei ist besonders auf bereits bestehende Strukturen zurückzugreifen. Das Deutsche Islamforum und Islamforen auf Länderebene haben wegweisende Vorarbeiten geleistet.

   Die wichtige Arbeit von Innenministerien, Verfassungsschutz und Sicherheitsbehörden kann zu Unsicherheiten und Misstrauen führen. Dies ist beim Aufbau von Gesprächsstrukturen zu reflektieren.

3. Abrahamische und interreligiöse Kooperationen intensivieren. Die Zusammenarbeit von Juden, Christen, Muslimen und Angehörigen weiterer Religionsgemeinschaften kann dazu beitragen, mit Gemeinsamkeiten und Unterschieden der Religionen umgehen zu lernen. Dadurch kann die Verantwortung der Religionen für ein gutes Miteinander in der Gesellschaft bewusst gemacht werden.

   Hierzu gehört die Förderung von Einrichtungen wie z.B. dem Runden Tisch oder dem Rat der Religionen, dem Projekt „Weißt Du, wer ich bin?", dem Abrahamischen Forum in Deutschland, abrahamischen Teams, Feiern, Jugendforen, Musikgruppen sowie christlich-islamischen und jüdisch-muslimischen Kooperationen.

4. Informationsarbeit leisten, die die Normalität im Zusammenleben von Muslimen und Nichtmuslimen herausarbeitet. Wir haben damit zu leben, dass gegensätzliche Positionen in unserer Gesellschaft bestehen bleiben, ohne dass es zu einem Ausgleich oder einer Angleichung kommt. Grundsätzlich ist zu vermeiden, Konflikte auf das Verhältnis von Muslimen mit Nichtmuslimen zu reduzieren. Eine „Informationsstelle Zusammenleben – Muslime und Nichtmuslime in Deutschland" kann hierfür nützlich sein.

5. Regionale Dokumentationsstellen für Diskriminierungen auf- und ausbauen. Diese Stellen haben Benachteiligungen von Muslimen sowie anderen markierten Gruppen im alltäglichen Zusammenleben sowie am Arbeitsplatz, an der Universität, in der Schule etc. in ihre Arbeit einzubeziehen.

6. Muslimische Signale zum gelebten Miteinander. Hierzu gehören u.a.:

– Aktive Mitarbeit in kommunalen Gremien sowie bei Elternvertretungen in Kindergärten, Schulen, bei Sportvereinen, Feuerwehren, dem Technischen Hilfswerk usw.

– Ein alle zwei Jahre an unterschiedlichen Orten durchgeführter „Deutscher Muslimtag" könnte öffentlich sichtbar machen, dass Muslime Teil der deutschen Gesellschaft sind und den innermuslimischen Dialog über wichtige gesellschaftspolitische Themen befördern.

– Tage der offenen Moschee, Einladungen zu Iftar-Feiern, Abrahamische Feiern zum Opferfest oder zum Noah-Fest, die Mitwirkung bei den Interkulturellen Wochen oder den Internationalen Wochen gegen Rassismus usw.

– Ausbau des Koordinationsrats der Muslime in Deutschland und regelmäßige Stellungnahmen zu aktuellen Debatten.

– Unabhängige Strukturen muslimischer Einrichtungen in Deutschland, die den gegenwärtigen gesellschaftlichen

Erfordernissen entsprechen und denen deshalb nicht vorgeworfen werden kann, von Entscheidungsträgern im Ausland abhängig zu sein.

- Aktionen in muslimischen Einrichtungen, mit denen Muslime ihre Bereitschaft für ein gutes Miteinander signalisieren und auf die praktischen Aspekte der damit verbundenen Aufgaben vorbereitet werden.

- Qualifizierung von Imamen in Deutschland. Damit ist auch die Förderung der Bereitschaft zum Erlernen der deutschen Sprache verbunden.

7. Bildungsinhalte weiterentwickeln, damit auch Qualifikationen und Kompetenzen der Muslime aufgegriffen werden, die eine Migrationsgeschichte haben und in Deutschland leben. So sind beispielsweise Sprachen ein besonderer Reichtum für die Kultur und Ökonomie eines Landes. In den Schulen könnten die Muttersprachen der Schüler/-innen als Wahlfächer angeboten und anerkannt werden. Jede Bildungsarbeit muss als übergeordnetes Ziel vermitteln, dass es auch kulturelle Differenzen gibt, die nicht überwindbar sind und auch nicht überwunden werden müssen.

8. Kritische Debatten führen, in denen über Positionen von Religionen, Weltanschauungen und politischen Gruppierungen gestritten wird, die Vorurteile gegen Muslime verstärken. Dazu gehören insbesondere auch antiislamische Blogs im Internet.

9. Medienpartnerschaften aufbauen: Entwicklung eines Kodex zur Berichterstattung über Fragen des interkulturellen Zusammenlebens. Dazu gehört auch eine Medienpädagogik, mit der verhindert wird, dass Menschen die Darstellung in den Medien mit der Realität verwechseln.

10. Intensivierung der aktiven Arbeit islamischer Verbände zum Abbau der Diskriminierung von Kindern, Frauen und gesellschaftlichen Minderheiten. Auch von Ausgrenzung Betroffene haben die Aufgabe, Vorurteilsstrukturen und Fremdenfeindlichkeit in den eigenen Reihen entgegenzutreten.

Diese wichtigen Aufgaben erfordern langen Atem sowie ideelle und finanzielle Förderung.

11. Expertenpools und Netzwerke aufbauen und aktivieren, die tätig werden, wenn mit politischen Kampagnen Vorurteile geschürt werden.

12. Eine innerislamische Debatte führen, in der die bestehenden Spannungen und Gegensätze thematisiert werden. Dabei sind ethnische, religiöse und politische Konflikte zu bearbeiten, die eine Integration in Deutschland erschweren. Es sollte vermieden werden, dass ausgegrenzte Gruppierungen selbst wieder andere ausgrenzen, die in der gesellschaftlichen Hierarchie weiter unten angesiedelt sind. Dadurch kann zu einer Kultur der Anerkennung der Vielfalt in einer Demokratie beigetragen werden.

Öffentlicher Diskussionsprozess

Diese thesenartige Ausarbeitung ist im Rahmen des „Bundesweiten Clearingprojekts: Zusammenleben mit Muslimen" des Interkulturellen Rates erstellt worden. Die Broschüre gibt ausschließlich die Meinung der Autoren und nicht notwendigerweise die der fördernden Institutionen wider.

Im April 2008 fanden kontroverse Beratungen zu dem Entwurf in folgenden Gremien statt:

- Deutsches Islamforum

- Koordinierungsrat der Islamforen in Deutschland

- Interkultureller Rat in Deutschland

Erörtert wurde die Ausarbeitung auch in einer Arbeitsgruppe, der folgende Personen angehörten:

- Bekir Alboğa, Türkisch-Islamische Union der Anstalt für Religion (DITIB), Köln

- Prof. Dr. Heiner Bielefeldt, Deutsches Institut für Menschenrechte, Berlin

- Naime Çakir, Islamische Religionsgemeinschaft Hessen, Frankfurt/M.

- Torsten Jäger, Interkultureller Rat, Darmstadt

- Dr. Jürgen Micksch, Interkultureller Rat, Darmstadt

- Hasibe Özaslan, Interkultureller Rat, Darmstadt

- Dr. Sabine Schiffer, Institut für Medienverantwortung, Erlangen

Gedankt wird für die Anregungen und kritischen Kommentare aus diesen Beratungen. Weiterführende wie kritische Debatten und Stellungnahmen zu dieser Ausarbeitung sind erwünscht und werden beim Interkulturellen Rat gesammelt. Sie sollen später veröffentlicht werden.

Darmstadt, September 2008

2. Anmerkungen aus dem Zentralkomitee der deutschen Katholiken und von einem Lehrer zur Broschüre „Das Islambild verändern"

Die Broschüre des Interkulturellen Rates „Das Islambild verändern" hat zu verschiedenen Reaktionen geführt. Zwei Beiträge werden im Folgenden abgedruckt.

Zuerst ein Schreiben von Rektor Dr. Detlef Stäps vom Zentralkomitee der deutschen Katholiken (ZdK) aus Bonn:

Wahrheit auch in anderen Religionen

Mir gefällt diese Schrift des „Clearingprojekts: Zusammenleben mit Muslimen" sehr gut, viele Aspekte der Probleme im Zusammenleben mit Muslimen in der Bundesrepublik Deutschland werden hier übersichtlich zusammengetragen und gangbare Lösungsperspektiven aufgezeigt. Ich bin der Meinung, dass diese Broschüre dazu geeignet ist, eine öffentliche Debatte zu dieser Thematik anzustoßen und den Frieden im Zusammenleben zu fördern.

Es gibt allerdings einige Punkte, die ich auch kritisch sehe. Dazu gehört besonders der Abschnitt „2. Wahrheitsansprüche" auf S. 5f. Es kann nicht behauptet werden, dass der Wahrheitsanspruch der monotheistischen Religionen eine ablehnende Einstellung gegenüber Angehörigen anderer Religionen begünstige. Die katholische Kirche ist fest davon überzeugt (wie es besonders das 2. Vatikanische Konzil festgestellt hat), dass es auch in anderen Religionen Wahrheiten gibt: „Die katholische Kirche verwirft nichts von dem, was in diesen Religionen wahr und heilig ist. Mit aufrichtiger Hochachtung betrachtet sie jene Handlungs- und Lebensweisen, jene Gebote und Lehren, die, auch wenn sie von dem, was sie selber festhält und vorlegt, in vielem abweichen, nicht selten dennoch einen Strahl jener Wahrheit wiedergeben, die alle Menschen erleuchtet" (Nostra aetate 2,2).

Eine ablehnende Haltung gegenüber Menschen anderer religiöser Überzeugung ist für sie deshalb zutiefst unchristlich. Somit kann die „Ablehnung von Muslimen und die Abwertung islamischer Glaubensvorstellungen" für sie nicht zu den „Merkmalen christlicher Religion" gehören, wie die Broschüre auf S. 5 behauptet. Hier ist stattdessen auf die positiven Beispiele für einen gelungenen christlich-islamischen Dialog zu verweisen, den die christlichen Kirchen gerade wegen ihrer christlichen Grundüberzeugung angestoßen haben und der z.B. in den christlich-islamischen Dialogprogrammen auf den Katholikentagen und Deutschen Evangelischen Kirchentagen seit über 15 Jahren erfolgreich geführt wird, oder auf den Gesprächskreis „Christen und Muslime" beim Zentralkomitee der deutschen Katholiken. (Diese Ergänzung wäre auch auf S. 18 unter „3. Abrahamische und interreligiöse Kooperationen intensivieren" wünschenswert.)

Da der Gesprächskreis beim ZdK gerade erst eine Stellungnahme zum Thema Islamischer Religionsunterricht erarbeitet hat, in der Christen und Muslime gemeinsam Islamischen Religionsunterricht in deutscher Sprache fordern und auch im Detail die in der Broschüre erwähnten Positionen teilen und weiterführen, könnte dies auf S. 14f „3. Islamischer Religionsunterricht" erwähnt werden.

Auch sollte auf S. 14 unter „2. Schulische Bildung und Erziehung" auf die positive Rolle von katholischem und evangelischem Religionsunterricht verwiesen werden, weil hier der Dialog zwischen den Religionen fest verankert ist und ein vorurteilsfreies Bild des Islam gefördert wird.

Auf S. 15 wird unter „Religiöse Engführungen beenden" zwar richtig darauf hingewiesen, dass Konflikte nicht auf religiöse Fragestellungen reduziert werden dürfen, hier wird aber zu wenig berücksichtigt, dass die interreligiösen Dialoge, die von den christlichen Kirchen in Deutschland geführt werden, die geforderte Erweiterung immer schon enthalten und keine „religiöse Engführung" begünstigen.

Ein zweiter Beitrag stammt von Werner Göbelsmann, Lehrer und Integrationsbeauftragter einer Schule in Gelsenkirchen:

Der Graben zwischen Muslimen und Nichtmuslimen in der Schule

Das Zusammenleben von Muslimen und Nichtmuslimen hat sich, wie es die Zahlen der Umfragen verdeutlichen, in den letzten Jahren verschlechtert. Dazu tragen sicherlich die Darstellungen in den Medien eine Menge bei. Das Miteinander im Alltag der Schule aber auch anderswo ist meines Erachtens sobald es um religiöse Inhalte geht, in keiner Weise verträglicher geworden. (Dies trifft nicht auf interkulturelle Arbeitskreise zu, da in diesen Gruppen in der Regel Konflikte und Unterschiede offen, sachlich und auf Augenhöhe diskutiert werden.)

Die Lücken in den Lehr- und Bildungsplänen bezüglich der Einflüsse des Islams auf unsere Kulturgeschichte werden kaum oder gar nicht genannt. Nicht nur in den Medien, sondern auch im schulischen Alltag werden häusliche Gewalt, Frauenbeschneidung, Zwangsverheiratung, Unterdrückung der Frau (eine Schülerin, die ein Kopftuch trägt, ist ein nicht emanzipiertes Mädchen) und männliche Ehre meistens mit der islamischen Religion und weniger mit dem kulturellen Leben der Herkunftsländer in Verbindung gebracht. Viele der obengenannten Eigenschaften wie z.b. die patriarchalischen Strukturen werden auch von vielen muslimischen Schülern mit ihrer Religion und weniger mit der kulturellen Tradition begründet. Jungen / Männer dürfen mehr als Mädchen / Frauen z.b. Teilnahme an Klassenfahrten, sexuelle Beziehungen natürlich mit einem nichtmuslimischen Mädchen usw.

Als an einer Schule eine Gruppe von libanesischen und eine von kurdischen Jugendlichen einen Konflikt mit körperlicher Gewalt lösen wollten, wurde dies als Islamismus in den Medien der Stadt, aber auch innerhalb einer großen Lehrerorganisation vermarktet. Die Bedrohung einer Lehrerin bzw. eines Lehrers durch einige Schüler wurde mit ihrer Religion in Verbindung gebracht.

Diskriminierende Einstellungen von einigen muslimischen Schülern muss man als Lehrer manchmal erleben, weil diese Muslime ihre Religion als die einzig wahre ansehen. (Diese Schüler kennen auch die Internetseite „DiewahreReligion.de"). Ein Misstrauen gegenüber dem Lehrer macht sich breit und führt zu einer Respektlosigkeit gegenüber diesem.

In der Schule könnte so manches angestoßen werden, damit dieser Graben zwischen Muslimen und Nichtmuslimen verkleinert oder beseitigt wird.

- Da viele muslimische Schüler über ihre Religion wenig wissen, sollte der islamische Religionsunterricht an allen Schulen als normaler Unterricht eingeführt werden. Im Lehrplan sollte dann ein Projekt „Gespräch der Religionen untereinander" verpflichtend sein.

- Die muslimischen Feiertage sollten an allen Schulen als schulfreie Tage für alle festgelegt werden. (Wie es damals an den weiterführenden Schulen mit den ev. und kath. gehandhabt wurde.)

- Die Schulbezirke sollten wieder eingeführt werden, denn durch die freie Schulwahl entstehen immer mehr Schulen mit nur Kindern mit Nichtmigranten- oder Migrantenhintergrund. (Wie soll an einer Schule mit mehr als 50 % Muslimen Integration geschehen bzw. Akzeptanz gelernt werden?)

- Die Zusammenarbeit mit den Moscheegemeinden und der Schule sollte unbedingt angestoßen werden.

Aber auch in der Jugendarbeit müsste sich so manches verändern, damit diese Treffpunkte Kommunikationszentren für alle Jugendlichen werden. Die muslimische Jugendarbeit sollte wie die kirchliche finanziell vom Staat gefördert werden.

Besonders wichtig für die Entwicklung einer gegenseitigen Akzeptanz ist, dass mehr muslimische Menschen Kontakt zu nichtmuslimischen Gruppen aufnehmen. Einbahnstraßen führen nämlich nicht zu einem Dialog auf Augenhöhe.

Ebenso spielt die Sprache eine wichtige Rolle. Ein Bürger mit deutscher Muttersprache wird kaum zu einem Fest einer Moscheegemeinde gehen, bei dem vorwiegend türkisch gesprochen wird.

3. Deutsches Islamforum / Interkultureller Rat
Moscheen als Orte der Spiritualität und Integration

In Deutschland leben nach Schätzungen etwa drei Millionen Muslime. Sie stammen aus mehr als 40 Ländern und haben ca. 2.500 Moscheen und Gebetsräume. In dieser Broschüre sind Informationen zur Arbeit der Moscheen zusammengestellt.

Was sind Moscheen?

Die Moschee ist das Gebets- und Gotteshaus der Muslime. Der Begriff „Moschee" kommt aus dem Arabischen, bedeutet soviel wie „Ort der Niederwerfung" und meint den Ort des gemeinschaftlichen islamischen Gebets. An viele der großen Moscheen in islamisch geprägten Ländern sind Bildungseinrichtungen angeschlossen. Dort wird geforscht und die Religion des Islam gelehrt. Die Moschee mit dem Gebetssaal ist ein baulicher Komplex, in dem oft noch weitere Einrichtungen wie beispielsweise Armenküchen untergebracht sind. Moscheen sind Orte des Gebets und haben zugleich soziale Funktionen mit Angeboten zur Kommunikation, Beratung und Bildung.

In Moscheen gibt es keine Bilder von Menschen oder von Propheten, wohl aber kunstvolle arabische Kalligrafien, Rezitationen aus dem Koran, Lobpreisungen Gottes in arabischer Sprache und religiöse Zeremonien, in denen auch religiöse Lieder, die sogenannten Ilahis, in der Muttersprache der Gemeinde rezitiert werden. Fünfmal am Tag ertönt der Azan – der Ruf, mit dem der Muezzin die Gläubigen zum Gebet versammelt. In Deutschland wird meist nicht außerhalb, sondern nur innerhalb der Moschee zum Gebet gerufen, da lediglich ein geringer Anteil der Bevölkerung angesprochen werden soll. Vor dem Gebet wird eine rituelle Waschung vollzogen. In der Regel befindet sich vor dem Betsaal ein Brunnen oder eine Wasserstelle, an der die rituelle Reinigung vollzogen wird. Es ist Vorschrift, die Schuhe vor dem Betreten des Betsaales der Moschee auszuziehen, um die Teppiche sauber zu halten und den Eintritt in einen sakralen Raum zu verdeutlichen. Gebetet wird in Richtung der Kaaba in Mekka, die in jeder Moschee durch die Gebetsnische angezeigt wird.

Die Teilnahme an Gebeten in Moscheen ist für Muslime sehr erwünscht. Gewöhnlicherweise beten die Frauen entweder hinter den Männern oder abgetrennt in eigenen Räumen bzw. auf einer Empore. Einer der Gründe dafür lautet, dass sich die gläubigen Musliminnen unter sich wohler fühlen und beim Beten von den Männern nicht beobachtet werden wollen. Die traditionelle räumliche Trennung von Frauen und Männern beim Gebet ist im Islam jedoch nicht vorgeschrieben. Auch in den christlichen Kirchen gab es früher die Sitte der Trennung von Männern und Frauen, die in den Ostkirchen noch fortbesteht. In den meisten Synagogen gilt die Trennung auch heute noch.

Vorbeter (Imam) und Freitagsprediger (Khatib) werden häufig mit christlichen Priestern gleichgesetzt. Ihre Funktionen können jedoch auch einfache Gemeindemitglieder ohne besondere Ausbildung wahrnehmen, die aufgrund ihrer Kompetenzen von der Gemeinde mit dieser Aufgabe betraut werden. Dennoch gibt es in vielen Moscheen Imame, auch Hodschas genannt, deren Funktionen weit über die Leitung des täglichen Gebets und das Halten der Predigt am Freitag hinausgehen. Häufig haben sie eine theologische Ausbildung und sind hauptamtlich angestellt. Islamische Organisationen in Deutschland bemühen sich seit einiger Zeit um die Etablierung einer Ausbildung für die Gemeindearbeit an deutschen Hochschulen. Erste Ansätze bestehen im Rahmen der Ausbildungsgänge von Lehrern für den Religionsunterricht. Mit der Ausbildung in islamischen Ländern ist dies jedoch nicht gleichzusetzen.

Die Moschee ist auch Treffpunkt der Muslime und ein Zentrum des öffentlichen Lebens. Sie wird in vielen arabischen, asiatischen und afrikanischen Ländern gelegentlich auch für Gerichtsverhandlungen oder zur Verlautbarung öffentlicher Erklärungen genutzt. Gruppen können in Moscheen Besprechungen abhalten, Schüler finden sich ein, um ihre Hausarbeiten zu machen, Arme werden verpflegt und Reisende finden in der Moschee eine Herberge, die ihnen Wasser, die Gemeinschaft von Gleichgesinnten und einen Schlafplatz bietet. Finanziert werden diese von einer Großmoschee angebotenen Dienstleistungen meist durch Stiftungen, von denen in der Vergangenheit viele von muslimischen Frauen gegründet wurden.

Die älteste Bauform einer Moschee ist die sogenannte Hofmoschee mit umlaufenden Arkaden. Herausragende Beispiele dieses Moscheetyps sind die Hauptmoschee von Kairo und die Ibn Tulun-Moschee in

Kairo. Ähnlich alt sind die Säulenwälder, die vermutlich auf die Palmen der Urmoschee zurückgehen. Die Mezquita in Cordoba und die Al Hakim-Moschee in Kairo sind prominente Beispiele dieser Moscheebauweise. In der osmanischen Zeit waren Zentralbauten mit vielen Kuppeln und zwei oder vier spitzen Minaretten sehr beliebt. Moscheeanlagen mit großem offenen Innenhof sind typisch für Indien und den Iran. Eindrucksvolle Lehmbauten finden sich in der Sahelzone, pagodenartige Moscheen in Indonesien.

Moscheen in Deutschland

Im Deutschen ist Moschee ein Sammelbegriff, mit dem sowohl Moscheebauten mit Minaretten als auch Stadtteilmoscheen (meist als Hinterhofmoschee bekannt) und einfache Gebetsräume bezeichnet werden. Etwa 2.500 Gebäude oder Räume werden gegenwärtig als Moschee genutzt, darunter befinden sich etwa 150 mit Kuppel und Minarett.

Die älteste Moschee auf deutschem Boden wurde 1779–1791 im Schwetzinger Schloßgarten in Baden-Württemberg gebaut. Sie ist keine originale Moschee und wurde nicht als Gebetshaus errichtet – sie wurde vielmehr als Interpretation einer Moschee in der Kunstsprache des 18. Jahrhunderts konzipiert. Dennoch wurde sie 1870–1871 von muslimischen Kriegsgefangenen erstmals als Gebetshaus genutzt. Auch heute finden hier gelegentlich islamische Gottesdienste statt.

Im Jahre 1915 wurde in Wünsdorf/Brandenburg eine Holzmoschee errichtet, die wegen Baufälligkeit in den 20er Jahren des vorigen Jahrhunderts wieder abgerissen werden musste. Sie war nur für Kriegsgefangene zugänglich. 1924 wurde in Berlin die Wilmersdorfer Moschee errichtet, die auch heute noch erhalten ist.

Die meisten Moscheegemeinden in Deutschland sind als eingetragene Vereine organisiert. Sie finanzieren sich durch die Beiträge ihrer Mitglieder und durch Spenden. Nur wenige islamische Gemeindezentren werden aus islamischen Ländern finanziell unterstützt. Viele Moscheegemeinden haben sich in Dachverbänden wie der Türkisch-Islamischen Union der Anstalt für Religion (DITIB), dem Islamrat, dem Verband der Islamischen Kulturzentren (VIKZ) oder dem Zentralrat der Muslime in Deutschland (ZMD) zusammengeschlossen.

Wenngleich es keine verlässlichen Zahlen gibt, geht man davon aus, dass etwa 350.000 Muslime in Moscheevereinen als Mitglieder organisiert sind. Weit mehr nutzen allerdings die Angebote der Moscheen. Die Mitarbeit in den Moscheevereinen, die Träger und Grundlage muslimischen Lebens in Deutschland sind, erfolgt meist ehrenamtlich. Die Moscheevereine bieten ihren Besuchern neben dem Gebet eine Vielzahl anderer religiöser Dienstleistungen vom Koranunterricht bis hin zur islamischen Bestattung sowie Zeremonien zu Geburt und Trauung an. Der größte Teil der hier lebenden Muslime greift früher oder später auf eines oder mehrere dieser Angebote zurück.

Imame als Vorbeter in den Moscheegemeinden erhalten meist ein bescheidenes Gehalt. Da es bisher keine Ausbildung von Imamen in deutscher Sprache an deutschen Hochschulen gibt, kommen viele auch weiterhin aus den Herkunftsländern der Muslime hierher, insbesondere aus der Türkei. Im Falle von DITIB kehren sie nach 4–5 Jahren wieder in die Türkei zurück. Sie sprechen meist nicht oder nur unzureichend Deutsch und predigen daher überwiegend in der Sprache ihres Herkunftslandes. DITIB versucht dies zu verbessern. Mittlerweile lernen Imame aus der Türkei in Ankara 600 Stunden Deutsch und 30 Stunden Landeskunde, bevor sie in Deutschland ihren Dienst aufnehmen. Einige muslimische Verbände beschäftigen allerdings bereits gut deutsch sprechende Imame, deren Zahl stetig zunimmt.

Was geschieht in deutschen Moscheen?

Moscheen in Deutschland sind Orte des rituellen Gebets. Insbesondere zu dem Gebet am Freitag kommen sehr viele Gläubige in die Moschee – ähnlich wie Juden am Sabbat in die Synagoge und Christen am Sonntag in die Kirche gehen. Sie praktizieren dort das gemeinsame Freitagsgebet, hören sich zuvor die Freitagspredigt an und erhalten Informationen über ihre Religion. Geleitet wird das Gebet durch den Imam, der in seiner Gemeinde häufig darüber hinaus als Prediger und Religionslehrer (Hodscha) fungiert. Fest- und Totengebete sowie Gebete zu anderen besonderen Anlässen – beispielsweise gemeinschaftliche Nachtgebete im Monat Ramadan – runden das gottesdienstliche Angebot ab. Der Imam steht mit seinen seelsorgerischen Diensten und als Vorbeter immer im Vordergrund der muslimischen Gemeinden. Auch wenn die Anzahl der regelmäßigen Teilnehmer häufig abnimmt, so findet doch in vielen Moscheen das tägliche Gebet fünfmal statt. Auch wenn es für sie nicht verpflichtend ist, nehmen immer mehr Frauen an den Gebeten und dem Freitagsgebet teil.

In den Moscheen erfolgt darüber hinaus die religiöse Betreuung in Todesfällen. Es werden Trauungen vollzogen, Feiern für Kinder, die zum ersten Mal den Koran durchgelesen haben, oder besondere Gebete, wenn jemand verstorben ist. Für Muslime wird die Wallfahrt nach Mekka, die Hadsch, organisiert.

Moscheen in Deutschland sind auch Orte der Bildung. Etwa die Hälfte der in Deutschland lebenden Muslime sind Kinder und Jugendliche. Die Moscheegemeinden bieten deshalb oftmals und abhängig von den örtlichen Gegebenheiten Korankurse, Unterweisung in den Grundlehren des Islam, Deutschkurse für Vorschulkinder, Hausaufgabenhilfe, aber auch Alphabetisierungs- und Computerkurse an. Es gibt zudem Sportangebote, z.B. im Fußball oder Ringen, gemeinsame Ausflüge, Wanderungen, Freizeitaktivitäten und Begegnungen mit anderen Jugendstätten.

Ein weiterer Schwerpunkt ist die Beratungsarbeit. Frauen, die im Rahmen der Familienzusammenführung nach Deutschland gekommen sind, werden beraten, es gibt Konfliktberatungsangebote für die Familie sowie Hilfe bei der Arbeitsuche oder bei Behördengängen.

Speziell für Frauen angeboten werden Koch-, Strick- und Nähkurse sowie Modenschauen nach muslimischen Traditionen und Vorstellungen. Im kulturellen Bereich gibt es teilweise Gesang der islamischen Mystik, das Spiel von Musikinstrumenten und Volkstanz. Festtage werden gemeinsam gefeiert und es finden Dichterlesungen statt.

Für viele Moscheen hat der interreligiöse Dialog einen wichtigen Stellenwert. Es gibt Veranstaltungen zum „Tag der offenen Moschee", gemeinsame Friedensgebete oder Moscheeführungen. Mit Gästen aus verschiedenen Religionsgemeinschaften, Politik, Medien und anderen Bereichen werden jedes Jahr Veranstaltungen zum gemeinsamen Fastenbrechen (Iftar) im Fastenmonat Ramadan durchgeführt. Manche Moscheevereine arbeiten in interreligiösen Arbeitsgruppen mit.

Moscheen angeschlossen sind häufig Geschäfte, in denen Nahrungsmittel, Bücher und Produkte aus den Herkunftsländern verkauft werden. In größeren Moscheen gibt es auch Kaffees und Bistros, in denen gemeinsam gegessen und diskutiert, gespielt und ferngesehen werden kann. Manche Moscheen lehnen es jedoch ab, Teil von Kulturzentren zu sein.

Wie Muslime Moscheen erleben

Moscheen sind für viele Muslime Orte der religiösen, spirituellen und sozialen Beheimatung. Sie können hier die Sprache aus dem Herkunftsland pflegen und Erfahrungen austauschen. Moscheen sind deswegen für nach Deutschland eingewanderte Muslime ebenso wichtig wie Kirchen für in andere Länder ausgewanderte evangelische und katholische Christen.

Die Muttersprache der Gläubigen hat in Gottesdiensten eine besonders große Bedeutung. Auch in deutschen Gemeinden in der Türkei, USA oder Großbritannien wird noch immer in deutscher Sprache gepredigt, selbst wenn die Gemeindemitglieder in der Regel die Sprache ihres neuen Heimatlandes gut verstehen und sprechen. Denn der Gottesdienst hat eine Gemeinschaft stiftende und spirituelle Dimension. Diese zu erfahren wird durch den Umweg über eine Sprache, die nicht die Muttersprache ist, eher erschwert. Das gilt auch für hier lebende Amerikaner, griechisch-orthodoxe Menschen aus Griechenland, katholische Polen oder evangelische Koreaner. Sie alle hören und begehen deshalb den Gottesdienst in Deutschland in der Regel in ihrer Muttersprache.

Neben den religiösen Funktionen wie dem Gebet in der gewohnten Umgebung spielen die sozialen Kontakte eine große Rolle. Die hier gebauten Moscheen können als ein Zeichen dafür gewertet werden, dass Muslime in der deutschen Gesellschaft angekommen sind. Für Muslime sind sie deshalb in ihren vielfältigen Funktionen auch Orte der Integration, der Begegnung und des interreligiösen und interkulturellen Dialogs.

Moscheen als Orte der Integration

Moscheen bieten einen Raum, in dem sich viele Muslime wohlfühlen, die gewohnte Sprache sprechen können und mit Menschen aus ihrem Herkunftsland kommunizieren. Dies muss nicht bedeuten, dass damit eine Ablehnung der deutschen Gesellschaft einhergeht. Vielfach kann die Identifizierung mit den Moscheen ein Zeichen dafür sein, dass eine Integration erfolgt ist und man sich in diesem Raum, den sich Muslime selbst geschaffen haben, in Deutschland auch zu Hause fühlt.

Es gibt manche Moscheegemeinden, die sich gegenüber der deutschen Gesellschaft zurückhaltend oder ablehnend verhalten. Dafür gibt es zahlreiche Gründe, u.a. dass Verantwortliche in den Moscheegemeinden unzureichend Deutsch sprechen, sich hier nicht akzeptiert fühlen oder dass manche Muslime unsicher und nicht gut darauf vorbereitet sind, in einer nicht muslimisch geprägten Umwelt zu leben.

Trotzdem kann man davon ausgehen, dass die große Mehrheit der Muslime und der Moscheegemeinden in Deutschland an einem guten Miteinander interessiert ist. Zwar erleben sie in der deutschen Gesellschaft zahlreiche Formen der Ablehnung und Diskriminierung. Dennoch wissen sie, dass sie in Deutschland Entfaltungsmöglichkeiten und Freiheiten haben, die in vielen Herkunftsländern fehlen.

Aufeinander zugehen

Weder die wenigen integrationskritischen Moscheevereine noch rassistische und islamfeindliche Einstellungen in der deutschen Gesellschaft dürfen dazu führen, das Miteinander von Muslimen und Nichtmuslimen insgesamt zu belasten. Wenn von beiden Seiten eine Abschottung praktiziert wird, ist das ein Nährboden für extremistische Fanatiker und Rassisten. Dieser Gefahr sollten sich Muslime und Nichtmuslime gemeinsam entgegenstellen. Sie sollten daran arbeiten, verlässliche und vertrauensvolle Kontakte aufzubauen, die Begegnung ermöglichen, Verständnis wecken und das friedliche Zusammenleben stärken.

Die großen muslimischen Verbände in Deutschland setzen sich dafür ein, dass die bei ihnen organisierten Moscheevereine mit der deutschen Gesellschaft kooperieren. Es ist ihnen bewusst, dass dies noch nicht überall möglich ist und gelingt. Sie ermutigen jedoch ausdrücklich zu Kontakten. Schulklassen, Kindergärten, Kirchengemeinden sowie andere Gruppen wie Polizei und Bundeswehr werden eingeladen, Moscheen zu besichtigen und Führungen zu vereinbaren.

Es gibt viele Möglichkeiten, Ängste und noch vorhandene Barrieren abzubauen:

- Ein Beispiel dafür ist der „Tag der offenen Moschee", der jedes Jahr um den 3. Oktober herum durchgeführt wird. Auch wenn einige der Moscheegemeinden zu klein und nicht dazu in der Lage sind, Führungen in gutem Deutsch anzubieten und andere nicht die finanziellen Mittel haben, um Gäste nach ihrer Tradition zu bewirten, beteiligen sich dennoch jährlich bundesweit etwa 1 000 Moscheen an dem Begegnungstag. Hunderttausende Menschen nutzen die Gelegenheit, erstmals eine Moschee zu besuchen und Muslime in ihrer Nachbarschaft kennen zu lernen. Dadurch können Ängste, Vorurteile und Vorbehalte abgebaut und Informationen ausgetauscht werden. Leider machen einige Moscheegemeinden die Erfahrung, dass trotz der Einladung keine Besucher kommen.

- Auch außerhalb des Tags der offenen Moschee stehen die meisten Moscheen interessierten Nichtmuslimen offen. Grundsätzlich können die Gebetsräume von muslimischen wie nichtmuslimischen Männern und Frauen betreten werden. Es ist lediglich darauf zu achten, beim Betreten der Moschee die Schuhe auszuziehen und nicht direkt vor einem Betenden vorbeizugehen. In wenigen Moscheen wird Nichtmitgliedern der Zutritt verwehrt. Es empfiehlt sich grundsätzlich, vor dem Besuch in einer Mosche Kontakt zur jeweiligen Moscheegemeinde aufzunehmen, um das Kommen anzukündigen und Fragen z.B. der Bekleidung vorab zu klären. Das schützt vor Missverständnissen und gibt allen die Möglichkeit, sich auf den Besuch einzustellen.

- Eine weitere Möglichkeit der Begegnung ist das gemeinsame Feiern von Festtagen der Religionen. So gehört es zur islamischen Tradition, zum Iftar-Essen – dem allabendlichen Brechen des Fastens im Fastenmonat Ramadan – Nachbarn, Persönlichkeiten des öffentlichen Lebens und anderer Religionsgemeinschaften einzuladen. Das gilt ähnlich auch für das an Abraham erinnernde Opferfest. Beide können gemeinsam mit Persönlichkeiten des Judentums, Christentums und des öffentlichen Lebens gefeiert werden. Gelegenheit hierzu bieten auch christliche oder jüdische Feiertage wie das jüdische Laubhüttenfest oder das christliche Erntedankfest.

- Darüber hinaus gibt es viele weitere Kooperationsmöglichkeiten: Dialogpartnerschaften mit Kirchen, Schulen und Kindergärten können auf- bzw. ausgebaut werden. An zahlreichen Orten gibt es interreligiöse Arbeitsgruppen, Abrahamische Foren, islamisch-christliche Arbeitsgremien, Islamforen und andere Dialogstrukturen. Solche Bemühungen sollten ausgebaut und verstetigt werden.

- In vielen Moscheevereinen werden Sprachkurse angeboten, damit ihre Mitglieder sich besser auf Deutsch verständigen können. Angebote, die dazu beitragen, zum Sprechen der deutschen Sprache zu ermutigen und Deutschkenntnisse zu verbessern, werden von den Moscheegemeinden meist gerne angenommen. Wer beispielsweise dazu bereit ist, im Anschluss an einen Sprachkurs als Gesprächspartner zur Verfügung zu stehen und mit einzelnen Kursteilnehmenden das freie Sprechen zu üben, kann sich bei einigen Moscheegemeinden melden. Auch über freiwillige und ehrenamtliche Hausaufgabenhilfe kann es zu einem konstruktiven Austausch kommen.

Wenn Muslime den Bau einer Moschee planen, sind ablehnende Bürgerinitiativen oft nicht weit. Moscheen werden als Orte der Radikalisierung dargestellt und entsprechende Ängste in der Bevölkerung geschürt. Es wird von „Gegengesellschaften" gesprochen, und davon, dass Moscheen integrationsfeindlich seien. Es hängt von den Moscheegemeinden und den Nichtmuslimen ab, dass sich solche Darstellungen nicht bewahrheiten. Seit Jahren ist eine Zunahme islamophober Einstellungen in der deutschen Bevölkerung zu beobachten. Muslime und Nichtmuslime können durch ein besseres Miteinander dazu beitragen, dass Ängste und gegenseitige Vorurteile abgebaut werden.

Die Erfahrungen mit Begegnungen zwischen Muslimen und Nichtmuslimen sind in der Regel positiv. Zwar gibt es vereinzelt auch negative Erlebnisse; sie sollten aber nicht dazu führen, gemeinsame Initiativen wieder abzubrechen. Schlechte Erfahrungen auf beiden Seiten dürfen kein Grund zur Resignation sein.

Für die Mitwirkung an dieser Information danken wir

- Bekir Alboğa, Türkisch-Islamische Union der Anstalt für Religion (DITIB), Köln

- Torsten Jäger, Interkultureller Rat in Deutschland, Darmstadt

- Dr. Ayyub Axel Köhler, Zentralrat der Muslime in Deutschland, Köln

- Dr. Jürgen Micksch, Groeben-Stiftung und Interkultureller Rat in Deutschland, Darmstadt

- Erol Pürlü, Verband der Islamischen Kulturzentren (VIKZ), Köln

- Riem Spielhaus, Muslimische Akademie in Deutschland, Berlin

- Abdullah Uwe Wagishauser, Ahmadiyya-Muslim-Jamaat, Frankfurt/M.

Köln, den 12. März 2007

4. Deutsches Islamforum
Scharia als Glaubensweg von Muslimen

In der deutschen Öffentlichkeit gibt es viele Vorurteile zur Scharia. Von manchen wird behauptet, Muslime wollen in Deutschland die Scharia einführen, die dann oft noch als verfassungsfeindlich bezeichnet wird.

Für die meisten Muslime in Deutschland ist die Einführung der Scharia kein Thema. Es ist für sie befremdlich, dass manche Nichtmuslime sagen, Muslime wollten die Scharia hier einführen.

Die Scharia ist ein komplexes Thema, zu dem es viele widersprüchliche Aussagen gibt. Auch im islamischen Bereich gibt es dazu unterschiedliche Positionen. Zugleich gibt es Gemeinsamkeiten, die für alle islamischen Gruppierungen in Deutschland gelten.

Aber was ist eigentlich die Scharia? In dieser Information sind wichtige Elemente zum Verständnis der Scharia zusammengestellt.

Was ist die Scharia?

Die Scharia (arabisch etwa: breiter Weg, Weg zur Quelle) beschreibt das richtige Verhalten des Menschen in Bezug auf Gott sowie in Bezug auf andere Menschen und die Schöpfung allgemein. Zur Scharia gehören zum Beispiel das Glaubensbekenntnis (Shahada), das tägliche Gebet (Salat), die Armensteuer (Zakat), das Fasten im Monat Ramadan (Sawm), die Pilgerfahrt nach Mekka (Hadsch) sowie zwischenmenschliche Verhaltensregeln. In einigen islamisch geprägten Ländern gehören dazu auch Regelungen zwischen dem Staat und der islamischen Religion, die allerdings in vielen muslimischen Ländern und in Deutschland keine Gültigkeit haben.

Quellen der Scharia

Ursprünglich meint der arabische Begriff „Scharia" den Pfad in der Wüste, der zur Wasserquelle führt. Die Scharia ist der Glaubensweg, der den Menschen zu Gott als seiner Quelle führen soll. Im Koran kommt der Begriff nur einmal vor (Sure 45,18). Zudem heißt es im Koran: „Einem jeden Volk gaben wir eine Schir'a (Gesetz, Religion, Scharia) und einen deutlichen Weg. Wenn es Allah nur gewollt hätte, so hätte er euch allen nur einen Glauben gegeben. So aber will er euch in dem prüfen, was euch zuteil geworden ist. So wetteifert in den guten Dingen! Ihr werdet alle zu Allah heimkehren und darin wird er euch kundtun, worüber ihr uneinig wart." (Sure 5,48)

Der Koran gilt im Islam als Quelle der Scharia. An zweiter Stelle steht die „Sunna", die Lebenspraxis des Propheten, die vor allem aus den Überlieferungen seines Handelns, seiner Aussprüche und seines Duldens des Verhaltens anderer, den Hadithen, bekannt ist. Aus einer unüberschaubaren Fülle von solchen „Hadithen" filterten islamische Gelehrte diejenigen heraus, die als echte Überlieferungen anerkannt wurden. Daraus entstanden die bis heute noch anerkannten Hadith-Sammlungen.

Auf der Grundlage von Koran und Hadithen schufen dann islamische Gelehrte Rechtssammlungen. Für neu auftauchende Fragen, auf die man im Koran keine explizite Antwort finden konnte, traten für die islamischen Gelehrten zwei weitere Quellen hinzu: "Idschma" als Konsens der islamischen Umma bzw. Gelehrten über ein Thema und „qiyas", der Analogieschluss. Dabei wurden neu auftretende Fragen in Anlehnung an bekannte Fälle entschieden. Dadurch wird die Anpassung islamischen Rechts an sich verändernde oder ganz neue Gegebenheiten gewährleistet. In diesem Zusammenhang spielen auch rationale Argumentationen eine wichtige Rolle.

Innerhalb des sunnitischen Islam setzten sich im Laufe der Zeit vier Rechtsschulen durch: Hanafiten, Schafiiten, Malikiten und Hanbaliten. Sie sind jeweils nach ihrem Begründer benannt und sind in verschiedenen Regionen der islamischen Welt vorherrschend. Die wichtigste Rechtsschule im schiitischen Islam ist heute die dja´faritische. Die Rechtsschulen weichen in vielen Einzelfragen des islamischen Rechts voneinander ab – in diesem Sinne gibt es also eine international unterschiedlich geprägte „Scharia". In den Grundfragen sind sich diese Schulen jedoch einig. Die jeweils anderen Schulen werden auch als rechtgläubig anerkannt.

Häufig wird auf den islamischen Grundsatz hingewiesen: „In der Vielfalt liegt die Gnade". In einzelnen Fragen sind unterschiedliche Antworten möglich. Daraus ergibt sich eine Dynamik, die auch für Diskussionen in Deutschland von Bedeutung ist.

Glaubensinhalte nach der Scharia

Zu den Glaubensgrundsätzen nach der Scharia gehören als erstes die sechs Glaubensartikel:

- Der Glaube an die Einheit Gottes
- Der Glaube an die Engel
- Der Glaube an Bücher wie Thora, Psalmen, das Evangelium und an den Koran
- Der Glaube an die Propheten wie Adam, Abraham, Moses, Jesus und Muhammad
- Der Glaube an den Jüngsten Tag
- Der Glaube an die Bestimmung von Gut und Böse durch Gott.

Für den Glaubensweg von Muslimen ist die Erfüllung von religiösen Pflichten entscheidend. Diese aus dem Koran hergeleiteten Richtlinien werden als die fünf Säulen des Islam umschrieben:

1. Das Bekennen des Glaubens (Shahada): Jeder, der die Worte der Shahada mit aufrichtiger Absicht spricht, darf sich als Muslim betrachten: „Ich bezeuge, dass niemand anbetungswürdig ist außer Allah. Ich bezeuge, dass Muhammad Allahs Gesandter ist."

2. Das tägliche Beten (Salat): Das fünfmal täglich zu praktizierende rituelle Gebet. Es wird nach Möglichkeit gemeinsam in der Moschee abgehalten.

Vor dem Gebet hat sich der Gläubige jeweils mit Wasser zu reinigen. Das Freitagsgebet in der Mittagszeit hat einen Stellenwert ähnlich wie der Gottesdienst am Sabbat für Juden und am Sonntag für Christen.

3. Die Abgabe für Arme und Bedürftige (Zakat): Zakat ist eine genau festgelegte, regelmäßig zu entrichtende Steuer, welche der Staat, die Gemeinschaft oder der Einzelne für soziale Zwecke verwendet; dazu gehört auch das wohltätige Spenden.

4. Das Fasten (Sawm): Die Gläubigen sollen während des ganzen Monats Ramadan fasten und zwar von der Morgendämmerung bis zum Untergang der Sonne. Fasten heißt nicht nur, dass auf Essen, Trinken, Rauchen und Geschlechtsverkehr verzichtet wird, sondern auch, dass alle negativen Verhaltensweisen vermieden werden sollten. Der Fastenmonat ist besonders geprägt von einem intensiven religiösen Leben und von einer engen Gemeinschaft und Verbundenheit unter den Gläubigen.

5. Die Pilgerfahrt (Hadsch): Ritueller und spiritueller Gottesdienst und das Erlebnis globaler, religiöser Gemeinschaft und die Möglichkeit zur intensiven Konzentration auf die Mitte des Glaubens machen die Pilgerfahrt nach Mekka zu einer zentralen Erfahrung, die nur durch mangelnde Gesundheit, fehlende Sicherheit oder unzureichende Finanzen unerfüllt bleiben darf.

Ethisches Verhalten nach der Scharia

In der Scharia gibt es Regelungen für das zwischenmenschliche Handeln und für religiöse Rituale und Pflichten. Für die unterschiedlichen Handlungen wurden Kategorien gebildet:

1. „Halal" – das Erlaubte

2. „Fard" – eine Handlung ist Pflicht für jeden Gläubigen, wie z.B. das rituelle Gebet

3. „Mandub" – empfehlenswerte Handlungen wie z.B. zusätzliche Gebete

4. „Makruh" – verwerfliche oder nicht empfehlenswerte Handlungen wie z.B. Rauchen

5. „Mubah" – Handlungen, die zwar als erlaubt gelten, über die es aber keine ausdrückliche Beurteilung in den religiösen Quellen gibt

6. „Haram" – das sind verbotene Handlungen wie z.B. der Alkoholgenuss und Drogen.

In islamisch geprägten Staaten gibt es sehr unterschiedliche Modelle im Hinblick auf die Scharia. Während Saudi Arabien den Koran zur Verfassung seiner Monarchie erklärt hat, ist die Türkei ein säkularer Staat, dessen Verfassung keinen Bezug auf das islamische Recht nimmt. Dementsprechend unterschiedlich sind auch die Regelungen für ethisches Verhalten in islamisch geprägten Staaten.

Muslime in Deutschland kommen aus verschiedenen islamisch geprägten Ländern. Für sie alle gelten die Glaubensartikel und ethischen Regeln entsprechend den fünf Säulen des Islam. Bei Einzelfragen gibt es jedoch Unterschiede, die auch in Deutschland fortbestehen. Durch die zunehmende Zusammenarbeit der Muslime entwickeln sich Verhaltensweisen, die von den meisten Muslimen geteilt werden. So gibt es hier zum Beispiel eine intensive Diskussion über die Menschenrechte, die im Sinne des Islam und mit ihm vereinbar sind. Daher lehnen sie Praktiken ab, die in manchen Herkunftsländern Geltung haben und gegen Menschenrechte wie die Religionsfreiheit, die körperliche Unversehrtheit oder die Gleichberechtigung von Mann und Frau verstoßen. „Ehrenmorde" oder „Zwangsheiraten", die in manchen Ländern praktiziert werden, sind mit dem Islam nicht vereinbar und werden verurteilt.

Die Scharia und das Grundgesetz

Es ist für Muslime nach der auf den Koran gestützten Überzeugung selbstverständlich, das jeweilige Gesetz des Landes, in dem sie leben, zu befolgen.

Dazu werden insbesondere folgende Punkte hervorgehoben:

- Die Religionsfreiheit schließt das Recht ein die Religion zu wechseln, eine andere oder auch keine Religion zu haben. In Glaubensfragen wird vom Koran jede Gewaltausübung und jeder Zwang untersagt. Die Todesstrafe für Apostasie (d.h. Abfall vom Islam) widerspricht der im Koran verankerten Glaubensfreiheit.

- Mann und Frau sind gleichberechtigt. Das Schlagen von Männern, Frauen oder Kindern wird abgelehnt. Ebenso werden Beschneidungen von Mädchen und jungen Frauen verurteilt.

- Die Befolgung der jeweiligen lokalen Rechtsordnung ist gemäß der Scharia für Muslime verpflichtend. Das schließt die Anerkennung des deutschen Ehe-, Erb- und Prozessrechts ein.

- Begrüßt wird das demokratische System der Bundesrepublik Deutschland, in dem Staat und Religion grundsätzlich getrennt sind und wo in Bereichen wie dem Religionsunterricht eine Zusammenarbeit erfolgt.

- Die Missachtung der Menschenrechte ist überall und in jeder Form abzulehnen.

Frankfurt am Main, den 27. September 2006

Für die geschäftsführende Arbeitsgruppe des Deutschen Islamforums:

Bekir Alboğa, Türkisch-Islamische Union der Anstalt für Religion (DITIB), Köln

Dr. Yasar Bilgin, Rat der Türkeistämmigen Staatsbürger in Deutschland, Gießen

Ozan Ceyhun, MdEP a.D., Brüssel

Dr. Jürgen Micksch, Groeben-Stiftung und Interkultureller Rat in Deutschland, Darmstadt

Das Deutsche Islamforum hat sich am 8. November 2005 und am 27. April 2006 mit der Scharia befasst. Es bat die mitarbeitenden muslimischen Gruppierungen darum, dazu eine Information zu erarbeiten. Dafür wurde auch eine Arbeitsgruppe gebildet. Für die Mitwirkung an dieser Information danken wir

Dr. Korkut Bugday, Innenministerium des Landes Nordrhein-Westfalen, Düsseldorf

Dr. Nadeem Elyas, Interkultureller Rat in Deutschland, Eschweiler

Dr. Albrecht Fuess, Universität Erfurt, Lehrstuhl Islamwissenschaft, Erfurt

Dr. Ayyub Axel Köhler, Zentralrat der Muslime in Deutschland, Köln

Erol Pürlü, Verband der Islamischen Kulturzentren e.V., Köln

Riem Spielhaus, Muslimische Akademie in Deutschland, Berlin

Dr. Silvia Tellenbach, Max-Planck-Institut für ausländisches und internationales Strafrecht, Freiburg

Dr. Bülent Ucar, Ministerium für Schule und Weiterbildung des Landes Nordrhein-Westfalen, Düsseldorf

Abdullah Uwe Wagishauser, Ahmadiyya-Muslim-Jamaat e.V., Frankfurt / M.

Das Deutsche Islamforum wurde am 26. Juni 2002 in Frankfurt am Main vom Interkulturellen Rat in Deutschland und vom Rat der Türkeistämmigen Staatsbürger in Deutschland gegründet. Es ist inzwischen eine eigenständige Einrichtung der Karl-Konrad-und-Ria-Groeben-Stiftung, von der diese Arbeit auch finanziert wird.

Im Deutsche Islamforum arbeiten Persönlichkeiten der relevanten islamischen Gruppierungen, anderer Religionsgemeinschaften, gesellschaftlicher Institutionen, der Wissenschaft sowie staatlicher Einrichtungen zusammen.

Islamforen auf Länderebene gibt es in Bayern, Berlin, Hessen, Niedersachsen, Nordrhein-Westfalen, Rheinland-Pfalz und in den neuen Ländern.

Einmal jährlich finden Treffen des Koordinierungsrates der Islamforen in Deutschland statt, um einen Austausch zu ermöglichen und Grundsatzfragen zu erörtern.

Veröffentlichungen:

- Jürgen Micksch: „Islamforen in Deutschland. Dialoge mit Muslimen". Frankfurt / M., April 2005

- Hessisches Islamforum: „Muslimische Kinder in der Schule". Frankfurt / M., Juni 2005 (Faltblatt)

- Islamforum Nordrhein-Westfalen: „Muslimische Kinder in der Schule". Köln, März 2006 (Faltblatt)

- Deutsches Islamforum: „Arbeitsgrundlage für das Deutsche Islamforum". Frankfurt / M., Juni 2006 (Faltblatt)

5. Koordinationsrat der Muslime / Interkultureller Rat

Islamfeindlichkeit ist die gegenwärtig am meisten verbreitete Form von Rassismus

Der Koordinationsrat der Muslime in Deutschland und der Interkulturelle Rat rufen dazu auf, in den Internationalen Wochen gegen Rassismus vom 16.–29. März 2009 Veranstaltungen durchzuführen und zu unterstützen, die sich für ein gutes Miteinander von Muslimen und Nichtmuslimen einsetzen.

Ablehnende Einstellungen gegenüber Muslimen sind in Deutschland und Europa weit verbreitet. Islamfeindlichkeit ist die gegenwärtig am meisten verbreitete Form von Rassismus in Deutschland. Unter Islamfeindlichkeit verstehen wir, wenn Muslime herabwürdigend beurteilt und Diskriminierungen befürwortet werden. Dadurch werden Menschen in ihrer Würde verletzt und der gesellschaftliche Friede belastet.

Die im Koordinationsrat der Muslime mitwirkenden islamischen Religionsgemeinschaften setzen sich für die Freundschaft und Solidarität der Menschen untereinander und gegenüber anderen Glaubensangehörigen sowie für die prinzipielle Ablehnung von Gewalt ein. Diese Ziele entsprechen den Grundsätzen des Islam. Islam bedeutet Frieden, Sicherheit und die freiwillige Hingabe an Gott. Im Islam wird das Zusammenleben von Menschen unterschiedlicher Religionen und Kulturen ebenso befürwortet wie die Völkerverständigung und Toleranz. Die Überwindung von Rassismus und Diskriminierung ist wesentlich für eine zukunftsfähige Gesellschaft. Deswegen wird empfohlen, folgende Anregungen in den Internationalen Wochen gegen Rassismus aufzugreifen:

- Moscheeführungen und Informationen über die Integrationsleistung von Moscheevereinen (Deutschkurse, Jugendarbeit usw.)

- Projektwochen zum Islam in den Schulen. Moscheevereine werden sich darum bemühen, dafür geeignete Ansprechpersonen zu benennen

- Einladungen abrahamischer Teams aus Juden, Christen und Muslimen in Schulen, Universitäten, Volkshochschulen usw.

- Schulen können Beispiele für die Diskriminierung von Juden, Muslimen und anderen sammeln und darüber sprechen

- Muslime können zur aktiven Mitarbeit in kommunalen Gremien sowie bei Elternvertretungen in Kindergärten, Schulen, Sportvereinen, Feuerwehren, dem Technischen Hilfswerk usw. eingeladen werden

Herausgegeben durch den Koordinationsrat der Muslime in Deutschland und den Interkulturellen Rat in Deutschland am 11. Februar 2009

Autorinnen und Autoren:

Peter Altmaier, Jurist, seit November 1994 Mitglied des Deutschen Bundestages und seit November 2005 Parlamentarischer Staatssekretär beim Bundesminister des Innern.

Roberto Ciulli, Dr. phil., Philosoph, gründete ein Theater in Mailand, danach begann er seine Theaterarbeit in Deutschland. 1981 gründete er das Mülheimer Theater an der Ruhr.

Torsten Jäger, Politikwissenschaftler, Geschäftsführer des Interkulturellen Rates in Deutschland und Leiter des Clearingprojekts: Zusammenleben mit Muslimen.

Kathrin Klausing, Doktorandin in Islamwissenschaften. Sie arbeitet im Bereich interkultureller und -religiöser Dialog mit den Schwerpunkten Geschichte, Rechtsverständnis und Geschlechterverhältnis im Islam.

Aiman A. Mazyek, freier Publizist und Medienberater, seit 2006 ist er Generalsekretär des Zentralrats der Muslime in Deutschland.

Jürgen Micksch, Dr. phil., Theologe und Soziologe, Groeben-Stiftung und Vorsitzender des Interkulturellen Rates in Deutschland.

Dieter Oberndörfer, Prof. Dr., em. Professor für Politikwissenschaften und Soziologie an der Universität Freiburg im Breisgau, Vorstandsmitglied im Rat für Migration.

Birgit Rommelspacher, Prof. Dr., Professorin für Psychologie an der Alice Salomon Hochschule in Berlin mit dem Schwerpunkt Interkulturalität und Geschlechterstudien, Rassismus- und Antisemitismusforschung.

Irene Runge, Dr., Vorsitzende Jüdischer Kulturverein Berlin e.V., Publizistin, schreibt vornehmlich über Integration/Migration, Interkulturalität und jüdische Fragen der Gegenwart.

Canan Topçu, Journalistin und Autorin, Redakteurin der Frankfurter Rundschau. Schwerpunktthemen sind Migration und Integration und dabei insbesondere die Situation von Muslima und türkischen Migrantinnen.

Nicola Towfigh, Dr. phil., Generalsekretärin des Nationalen Geistigen Rates der Bahá'í in Deutschland und Vorstandsvorsitzende der Stiftung für Bahá'í-Studien.

Friedrich Weber, Prof. Dr., Theologe, seit 2002 Landesbischof der Evangelisch-Lutherischen Landeskirche in Braunschweig und seit 2007 Vorsitzender der Arbeitsgemeinschaft Christlicher Kirchen in Deutschland.

Literaturhinweise

Attia, Iman, Die „westliche Kultur" und ihr Anderes. Zur Dekonstruktion von Orientalismus und antimuslimischem Rassismus, Bielefeld 2009

Beck-Gernsheim, Elisabeth, Wir und die Anderen. Kopftuch, Zwangsheirat und andere Missverständnisse, Frankfurt/M. 2007

Beinhauer-Köhler, Bärbel / Leggewie, Claus, Moscheen in Deutschland. Religiöse Heimat und gesellschaftliche Herausforderung, München 2009

Bertelsmann-Stiftung, Religionsmonitor 2008, Muslimische Religiösität in Deutschland, Gütersloh 2008

Bielefeldt, Heiner, Das Islambild in Deutschland – Zum öffentlichen Umgang mit der Angst vor dem Islam, Berlin 2007

Brettfeld, Katrin / Wetzels, Peter, Muslime in Deutschland. Integration, Integrationsbarrieren, Religion und Einstellungen zu Demokratie, Rechtsstaat und politisch-religiös motivierter Gewalt. Ergebnisse von Befragungen im Rahmen einer multizentrischen Studie in städtischen Lebensräumen. Bundesministerium des Innern. (Download über: www.bmi.bund.de) Berlin 2007

Breuer, Rita, Familienleben im Islam. Traditionen, Konflikte, Vorurteile, Freiburg im Breisgau 2008

Bundesamt für Migration und Flüchtlinge (BAMF), Integration und Islam, Nürnberg 2006

Bundeskoordination Schule ohne Rassismus – Schule mit Courage (Hg.), Jugendkulturen zwischen Islam und Islamismus. Lifestyle, Medien und Musik, Berlin 2008

Bundschuh, Stephan / Jagusch, Birgit (Hg.), Islamfeindlichkeit. Aspekte, Stimmen, Gegenstrategien, IDA e. V., Düsseldorf 2007

Bundschuh, Stephan / Jagusch, Birgit / Mai, Hanna (Hg.), Holzwege, Umwege, Auswege – Perspektiven auf Rassismus, Antisemitismus und Islamfeindlichkeit, IDA e. V., Düsseldorf 2008

Bunzl, John / Senfft, Alexandra (Hg.), Zwischen Antisemitismus und Islamophobie. Vorurteile und Projektionen in Europa und Nahost, Hamburg 2008

Ceylan, Ruff, Islamische Religionspädagogik in Moscheen und Schulen. Ein sozialwissenschaftlicher Vergleich der Ausgangslage, Lehre und Ziele unter besonderer Berücksichtigung der Auswirkungen auf den Integrationsprozess der muslimischen Kinder und Jugendlichen in Deutschland, Hamburg 2008

Dathe, Michael, Feindbild Islam. Eine Analyse des Begriffes Feindbild anhand eines Beispieles der Darstellung des Islams anlässlich der Karikaturdebatte von 2006, München 2008

EUMC (Hg.), Muslime in der europäischen Union. Diskriminierung und Islamophobie, Wien 2006

Geus, Armin, Gegen die feige Neutralität. Beiträge zur Islamkritik, Marburg 2008

Hackensberger, Alfred, Lexikon der Islam-Irrtürmer. Vorurteile, Halbwahrheiten und Missverständnisse von Al-Qaida bis Zeitehe, Frankfurt/M. 2008

Halm, Dirk, Der Islam als Diskursfeld. Bilder des Islam in Deutschland, Wiesbaden 2008

Hartmann, Thomas / Krannich, Margret (Hg.), Muslime im säkularen Rechtsstaat. Neue Akteure in Kultur und Politik; eine Dokumentation von Beiträgen einer Veranstaltungsreihe, die zwischen November 1999 und Mai 2000 in Berlin, Frankfurt/M., Hannover und München von der Heinrich-Böll-Stiftung durchgeführt wurde, Berlin 2001

Häusler, Alexander / Killguss, Hans P., Feindbild Islam. Rechtspopulistische Kulturalisierung des Politischen; Dokumentation zur Fachtagung vom 13. September 2008, Köln 2009

Häusler, Alexander, Rechtspopulismus als „Bürgerbewegung". Kampagnen gegen Islam und Moscheebau und kommunale Gegenstrategien, Wiesbaden 2008

Heine, Peter, Konflikt der Kulturen oder Feindbild Islam. Alte Vorurteile – neue Klischees – reale Gefahren, Freiburg im Breisgau 1996

Heine, Peter / Aiash, Haitham, Vom 11. September zum 20. März. Der Dialog mit dem Islam als Herausforderung an die westliche Welt, Berlin 2006

Heitmeyer, Wilhelm, Deutsche Zustände, Folge 6, Frankfurt/M. 2007

Hippler, Jochen / Lueg, Andrea, Feindbild Islam oder Dialog der Kulturen, Hamburg 2002

Hoffmann, Anne, Islam in den Medien. Der publizistische Konflikt um Annemarie Schimmel, Münster 2004

Hüttermann, Jörg, Das Minarett. Zur politischen Kultur des Konflikts um islamische Symbole, München 2006

Interkultureller Rat in Deutschland, Das Islambild verändern. Positionen zur Überwindung von Islamfeindlichkeit, Darmstadt 2008

Interkultureller Rat in Deutschland, Einfach fragen. Alltag mit Muslimen. Darmstadt 2008

Kandil, Fuad, Blockierte Kommunikation. Islam und Christentum. Zum Hintergrund aktueller Verständigungsprobleme, Berlin 2008

Kermani, Navid, Wer ist wir? Deutschland und seine Muslime, München 2009

Klein, Dietrich, Wahrnehmung des Islam zwischen Reformation und Aufklärung, Paderborn 2008

Kuschel, Karl-Josef, Vom Streit zum Wettstreit der Religionen. Lessing und die Herausforderung des Islam, Düsseldorf 1998

Kuschel, Karl-Josef, Juden, Christen, Muslime. Herkunft und Zukunft, Düsseldorf 2007

Micksch, Jürgen, Kulturelle Vielfalt statt nationaler Einfalt. Eine Strategie gegen Nationalismus und Rassismus, Frankfurt/M. 1989

Micksch, Jürgen (Hg.), Evangelisch aus fundamentalem Grund. Wie sich die EKD gegen den Islam profiliert, Frankfurt/M. 2007

Micksch, Jürgen (Hg.), Vom christlichen Abendland zum abrahamischen Europa, Frankfurt/M. 2008

Mirbach, Ferdinand, Die deutschen Parteien und der Islam. Politische Konzepte zur Integration von Muslimen, Marburg 2008

Rech, Nacéra, Allahs Tränen. Islam, Islamismus, Islamophobie, Gelnhausen 2004

Rommelspacher, Birgit, Anerkennung und Ausgrenzung. Deutschland als multikulturelle Gesellschaft, Frankfurt/M. 2002

Schenk, Susan, Das Islambild im internationalen Fernsehen. Ein Vergleich der Nachrichtensender Al-Jazeera English, BCC World und CNN International, Berlin 2009

Schiffer, Sabine, Die Darstellung des Islams in der Presse. Sprache, Bilder, Suggestionen. Eine Auswahl von Techniken und Beispielen, Würzburg 2005

Schiffer, Sabine / Wagner, Constantin, Antisemitismus und Islamophobie. Ein Vergleich. Wassertrüdingen 2009

Schirrmacher, Thomas, Feindbild Islam. Am Beispiel der Partei „Christliche Mitte", Nürnberg 2003

Schneiders, Thorsten G., Islamfeindlichkeit. Wenn die Grenzen der Kritik verschwimmen, Wiesbaden 2009

Schmid, Hansjörg, Identität durch Differenz? Wechselseitige Abgrenzungen in Christentum und Islam. Regensburg 2007

Sekretariat der Deutschen Bischofskonferenz, Moscheebau in Deutschland – Eine Orientierungshilfe, Bonn 2009

Siedler, Dirk Chr., (K)eine Chance für den Dialog? Christen und Muslime in der pluralen Gesellschaft; Beiträge zu kontroversen Themen, Berlin 2007

Tiesler, Nina Clara, Muslime in Europa. Religion und Identitätspolitiken unter veränderten gesellschaftlichen Verhältnissen, Berlin 2006

Wehr, Christoph, Die Gefahr aus dem Orient? Zum Feindbild Islam, Frankfurt/M. 1995

Weidner, Stefan, Manual für den Kampf der Kulturen. Warum der Islam eine Herausforderung ist. Ein Versuch, Frankfurt/M. 2008

Yousefi, Hamid Reza / Braun, Ina, Interkulturelles Denken oder Achse des Bösen. Das Islambild im christlichen Abendland, Nordhausen 2005

Zalloum, Addulhay / Böttiger, Helmut, Feindbild Islam? Globalisierung und Kapitalismus in der Krise, München 2003

Zentralkomitee der deutschen Katholiken, Islamischer Religionsunterricht als Chance für Integration und Dialog, Bonn 2008